はたらく僕らの

# 50歳の衝撃

生き方が問われるとき

山本直人

日経ＢＰ社

# はじめに

仕事をするうえで年齢は関係ない。それは、確かに正論だ。

しかし、どんな人も、歳を重ねるに連れて「気持ち」は変わる。

例えば、若い頃にはたくさんあるように思えた選択肢は、歳を重ねるに連れて減っていくように思える。〝大人〟は10代や20代の若い人に「無限の可能性」を説くが、果たして自分自身の将来に対して、どのような可能性を感じているのだろうか。

現実は、じんわりと将来への選択肢は少なくなり、未来への可能性は狭くなっていることが多い。そんな時に、人はどんな決断をし、どんな行動を取るのだろう。そこに「正解」はあるのだろうか。それが、この本を書くにあたっての、私の問題意識だった。

本書では、様々なビジネスシーンで見聞する事実をベースに、25の葛藤物語を描いた。どれも50歳前後のミドル世代が直面しやすい、人生を左右する「衝撃的な経験」ばかりだ。他人から見たら、たわいもない出来事に感じる話もあるだろう。しかし、どれも現実に自分が直面したら、そう簡単には解決できないのではないか。

「あれは、かなりショックだったな……」

人は誰しもそんな経験をし、そこから自分の道を開いていくのだ。

こうした話を紡ぎながら私が改めて気づいたのは、「50歳」という年齢の「重み」と「大切さ」だ。50歳前後で多くの人が、「これからどう生きる？」という人生の課題を改めて突き付けられる。

例えば、会社の方針転換についていけずに右往左往し、本意とはいえない職場に異動する人がいる。部下の育成に頭を悩ませる一方で、経営陣から強力な目標達成のプレッシャーをかけられる人、自分の健康に不安を抱える中で、子育てや介護といった家族の問題に奮闘する人もいる。

順風満帆な人は一握りに過ぎない。

多くの人は50歳を迎え、「自らの未来」があまりにも茫漠としていることに気づき、そして立ちすくむ。

そんな自分自身を「情けない」と感じる人も少なくない。だが、それは当たり前で、決して恥ずかしいことではない。皆そこで、自分を改めて見つめ直し、「再起動」していくのだから。

うまく自分を再起動できる人たちは、必死に考え、時に学び直し、人の話に耳を傾けて行動に移す。

40代までは、会社がある程度の道を示してくれたかもしれないが、50代ともなると、「自分で考える」ことが強く求められる。

「道は自分で切り開く」

これさえ肝に銘じれば、想像しなかった新しい道も見えてくるはずだ。

50歳前後で受ける様々な〝衝撃〟は、実は貴重な経験でもある。

そこで生まれた「葛藤」や、考え抜いたうえでの「決断」は、必ず明日の糧になる。だから、衝撃的な経験にも何らかの意味はある。これが、この本をまとめた私の一番の思いだ。

50歳になった人にも、これからなる人にも、何らかの力が与えられるのであれば、とてもうれしく思う。

目次

## 第3章　ゼロからの再出発

## 第5章 部下を育てる

## 第7章 〝今〟を生きる

# 第１章　働き方を変える

# いまさら働き方を変えろと言われても

＊

## 「会社基準」ではなく、「自分基準」で働く

何かの言葉で人生観が変わるという「劇的な話」をたまに聞くことがある。この前、「劇的」というのは大袈裟かもしれないが「目から鱗」というくらいに印象的な体験をした。

別に「すごい人」が語っていたわけでもないし、ビジネスの最前線で体験したわけでもない。場所は高尾山だ。

僕は天気のいい休日にふらりと出かけて、のんびりと山頂を目指していた。それなりに人がいて、近くにいた中年女性のグループは世間話に余念がない。

「○○さんの旦那さんはお料理が得意だからいいわよね」「全然！　片づけない

からシンクがめちゃくちゃよ」と、ゴミ捨て場での立ち話で済むような話を山でも話していた。まあ彼女らは、きっといつもそんな感じなのだろう。そして間もなく頂上という頃に、話が妙なことになっていく。

「まだ、頂上は遠いのかしら」

「そうねえ、ちょっと疲れてきたわね」

「もう、ここが〝頂上〟ってことにして、お弁当食べない？」

そう言うと、彼女たちはシートを広げ始めたのである。

「ここを頂上とする」と決めてしまう発想はいったいどこから来たのか。しかし、そうやっていい意味での〝自分勝手な基準〟で生きれば、ストレスはかなり少なくなるだろう。人は〝誰か〟が決めた基準に従って行動していることが多く、その基準に達しないから悩んだりする。彼女らのように、日々の仕事の目標も勝手に決められたらどんなに楽か。

「今日は目標達成ってことにして飲みに行くか」

そんなことはできないが、彼女らはあの時、そういう世界に生きていたのである。ところがこうした基準が、最近はクルリと変わることがある。会社の中でも、方針というものは結構変化するし、それはもはや当たり前のことだ。「環境変化への適応がいかに大切か」という話はもう耳にタコができるくらい聞かされているだろう。行き詰った企業の分析を読めば、大体がそうした内容だし、個人でも同じことが言える。そして伝統のある企業ほど変化対応が後手になるように、個人においてもキャリアを重ねた人ほど変化ができずに落とし穴にはまる。

## 「働き方改革」がしっくりこない

ここからはPさんの話をしよう。

老舗の食品メーカーで働いているPさんの会社は、働き方を変えることについて先進的な試みをしていた。フレックスタイムは以前から採用していたし、在宅勤務も導入していた。もっとも、制度を導入しても利用されるとは限らない。

いくらフレックスにしても、昔ながらの「定時」に出てきてしまうマネージャーも多いし、ましてや在宅勤務ともなると、どうにも落ち着かないらしい。だから、その辺りの後押しをするために、この会社では社員の意識を変えようとしていた。

さて、営業部の管理職であるPさんは、ご多分にもれず落ち着かない。残業はほぼなくなり、日々の業務も効率的に進むようになった。帰宅後の時間も十分ある。だが、しっくりこない。

がむしゃらに仕事をしていたこれまでの自分と、働き方が大きく異なるからだとPさんは感じていた。自由になった時間を何に使っていいのかもわからない。部下たちとの距離が遠くなった気もするが、じゃあ飲みにでも行くかという気持ちにもならない。他の部門のアラフィフにも、同じように「落ち着かない人」がいるという。

「いまさら働き方を変えろと言われても……」

Pさんはため息交じりにつぶやいて帰路についた。

## 狙いはミドル層の活性化

実はこの会社の働き方改革は、ミドル層を狙い撃ちしたものだった。彼らを活性化させるために、「何をすべきか」を再考させたかったのだ。「伝達・承認」だけで仕事をした気になっているミドルに対する警告だった。

実はPさんは、自分の会社員人生を決める重要な岐路に立たされていた。だが、その重大さに気づいていなかった。それを象徴するエピソードもある。

Pさんは役員に対して「どうすればいいんでしょうか？」と深く考えずに聞いたというのだ。役員の回答は「それは自分で考えろ」だった。

この会社はその後、大規模な組織改革を行って管理職をかなり絞り込んだ。そこにPさんの名はなかった。

第一線を外れたPさんはしばらくの間、恨み節をあちらこちらにこぼしていた。

「なんか、好き勝手なことやっていたやつばかりが残ってるじゃないか」

それが、一番しゃくに障ったらしい。

ある同僚はフレックスを活かして早帰りをしていた。それで、英会話教室に通ってメキメキ腕を上げたのを評価された。

在宅勤務を最大活用していた女性は、家でせっせと料理を作ってカリスマブロガーのようになっていた。彼女は退職してもいいかと思っていたところを会社に引き留められて、新たな開発ポストまで与えられたという。

どちらもPさんから見れば、「好き勝手なことばかりやっている」ことになる。ところが、会社から見れば「自分で考えて働いている社員」という評価だった。

働き方を変えるには「受け身」では無理だ。会社組織の一員としての自分の生き方を、一歩離れたところから客観的に見つめ直し、「自分なりの基準」を定めて働く。そのためにはどうすべきか。それこそが会社の求めていたことなのに、Pさんは気づかなかった。

Pさんはその後、業界団体の事務局へ出向となった。そこで同業他社の様々な人たちと話をしていて、改めて自分の視野が狭かったことを感じた。どの会社でも、50歳になる頃から、「自分なりの選択」が求められているのである。

Pさんはここに来て、財務や会計の勉強をし直そうかと思っている。もともと大学では商学部だったので嫌いではない領域だ。時間が取れるようになったあの頃に勉強しておけばよかったのかもしれないが、今からでも遅くはないと思っている。

## 〝自分基準〟で生きている？

さて、ここで高尾山の女性たちの話に戻る。頂上を勝手に決めたのには驚かされたが、山登りにそもそも「頂上まで登らなければならない」という決まりはない。考えてみると、私たちが「守らねば」と思い込んでいる基準は、意外と根拠がなかったりするものだ。

多くの人は、子どもの頃から「こうするべき」という躾を受けて生きてきた。学校でも様々な〝決まり〟に拘束される。もちろん環境によって濃淡はあるだろうが、そうした「他人が決めた基準」の中で自分の位置を気にしながら暮らしている。

だが、未来はこれからも不確定だ。経営陣も先のことなどわかっているとは限らないし、基準も変わる。自分基準を不安がる必要はない。

「とりあえず、ここが頂上」

彼女らの割り切った思考が、今の世の中では〝先端的〟なのかもしれない。

## 「自分事」として考える

今、会社は自分に何を求めているのか？

どんな人が高い評価を受けるのか？

その答えとなる「普遍的な基準」はない。さらに、会社の方針ばかりを気にしていても、評価されるとは限らない。だから「自分基準」が重要になる。

経験を重ねた人ほど、もう一度自分の「大事にしていること」を思い出して、自らの基準を再構築すべきだろう。

50歳は、自分を見つめ直して「生まれ変わる」には最適な年齢かもしれないし、その先には意外な未来が待っていることもある。

# タモリって いいよな……

＊

## 思い込みで、早々に〝枯れ〟ない

Lさんは、事務機器メーカーに勤める30代後半の女性社員だ。企業相手から消費者向けの製品まで広く扱う老舗だが、社内の風通しはいい方だと思っている。女性にとっても働きやすく、Lさんも近頃チームリーダーになった。

そんな彼女にとって、Gさんとの出会いは大きかった。彼は10年ほど年上の営業部の先輩で、仕事のことを丁寧に教えてくれた人だ。合理的に考えるタイプながら、考えを押しつけてくることがないのでとても接しやすい。

そんなGさんが最近、次長になった。次長のポストを「どう見るか」は、何とも悩ましい。次長経由で部長になる人もいれば、ここが「あがり」という人もいる。次長を飛ばしていきなり部長になる人もいるので、「微妙」なポストなのだ。

Gさんはこの人事についてどうやら早々に「割り切った」らしい。次長の仕事はプロジェクトや部門横断案件などの細々とした調整が多く、時間的にもラクになったようで、定時ぴったりに帰宅することが増えた。

「割り切ったのか……」。Lさんから見てもGさんの行動はそう見えた。Lさんはそれをある程度予測していた。もともとGさんは出世に執着したり、競争に燃えたりするタイプではなかったからだ。

聞くところによるとGさんは多趣味なようだ。アナログレコードを集めているとか、折り畳み自転車で様々な場所に行っているとか、いろいろな話が聞こえてくる。料理も達者なようで、話を聞いた女性は「本当に奥さんが羨ましい」などと言う。

でもLさんは、「それでいいのかな」と思うのだ。

Gさんはたしかにガツガツした人ではない。しかし、確実に仕事はできる人だ。「地頭がいい」というのだろうか、皆が悩んでいる時にスッと答えを出してくれる。

何よりLさんにとっては仕事の手ほどきをしてくれた大恩人だ。だからこそ、歯がゆい思いがあった。

## マイペースが羨ましい

ある日、Lさんは同期の何人かで食事に行った。それぞれ家庭もある中で、たまに集まるグループだ。その中には、隣のチームのM君もいた。彼も同じ時期にリーダーになっている。話が転々としているうちにGさんの話題になった。「マイペースで羨ましいな」というような声が多かったが、M君がこんなことを言った。

「なんか、Gさんってタモリになりたがっている気がするんだよね」

エッ？　とみんなが振り向く。

「少し前に、遅めのランチに食堂に行ったらGさんが1人でいたんだよね。それでちょっと雑談したんだ。音楽、旅、料理など、噂には聞いていたけど、相当の凝り性みたい。でね、たまたまタモリの話になったんだ」

M君とタモリの話をしていたGさんは、「いや〜すごいよね〜。タモリは……」と、しみじみ言ったらしい。

Ｍ君にとってのタモリは、昼番組の人気司会者や音楽番組のＭＣのイメージだ。しかし、Ｇさんの世代にとってはちょっと違うらしい。やや斜めに構えているが、かなりの博学で、料理なども上手にこなす。ガツガツした感じはなく、仕事も人生もマイペースで楽しんでいるようなイメージが強い。

Ｇさんの話しぶりからして、Ｇさんにとってのタモリは、第二の人生における「心の師匠」のような存在ではないか。その日、そう考えてＬさんは少し納得した。

## 「火消し役」を成功させたが……

そんな中、ちょっとしたトラブルが起きた。Ｍ君のチームの若手がしくじったのだ。功を焦って、得意先から相当無理な条件で仕事を受けようとしたという。

納期的にも価格的にもまず無理な案件だった。だが、今ならまだどうにかなる。そこで「火消し役」となったのがＧさんだった。

話を聞いた担当役員の指名である。Ｇさんは得意先の役員とも旧知だし、まさにうってつけの人選だった。

狙いは的中して、トラブルは間もなく片づき、M君とGさんは役員に報告をしに行った。報告自体はすぐに終わったが、Gさんの様子は少し変だった。トラブル自体は対処できたので問題はなかったはずだ。だが、Gさんはどうも元気がない。

後にM君はLさんに事情を説明した。トラブルの経緯を役員に説明して帰ろうとしたとき、Gさんは去り際にこんなことを言ったらしい。

「まあ、これからもこうやって球拾いやら火消しやらを頑張って……」

と、言いかけた時に役員の表情が変わった。そしてM君は先に帰らされて、Gさんだけが部屋に残されたという。

その後の話の詳細はわからないものの、役員としても、どうやら最近のGさんには苛ついていたらしい。

「そうそう気分よく、枯れた気になられても困るんだよ」

役員がGさんに対してそんなことを言ったという話が漏れ聞こえてきた。

Lさんはそれを聞いて「そうそう！」と共感した。それは、いつか機会があったら

Gさんにぶつけてみようと思っていたことだったからだ。

## 「半分退く」タイミング

ミドル層はどこで自分に見切りをつけるべきか。それはある意味、成り行きにも左右される。見切りのタイミングが早すぎると「やる気がない」と思われる。

一方でいつまでも成果や地位にこだわり続ける〝鼻息の荒い人〟も、得てして困り者になりやすい。ただし、そういうタイプであれば、マネジメントは単純だ。「鼻先にニンジンをぶら下げる」ことで頑張るからである。

扱いが難しいのは、Gさんのような「勝手に半分退いた」タイプだ。

Gさんは次長のポストを勝手に「あがり」と思い込んでいた。しかし経営陣はGさんの能力を高く買っており、今のポストでどう動くかを見守っていたのだ。役員も苛立つわけである。

Gさんは、程なくしてグループ企業に出向となった。ただし、そのポストはかなり重要で、そこから本社の役員になった者もいる。当然ながら、相当忙しい。

そういうわけで、Gさんはまた多忙な日々に戻ったらしい。夜もそれなりに声がかかり、週末も仕事がらみでゴルフに行っているようだが、元気だという評判だ。

「タモリを目指すのは、もうちょっと先でいいんじゃないんですか？」

Lさんは G さんに会ったらそう声をかけようと思っている。

## 「これで、あがりか」と考える人は多い

Gさんのようなことを考えている人は意外と多いと思う。

「もう、これであがりか。後はそこそこ働いて成り行きまかせで」と。

会社によってはそれが許されるところもあるが、許されないケースも多いのではないか。Gさんの場合は、役員が決めた人事で完全に枯れることにはならなかったものの、場合によってはどんどん枯れていった可能性も高い。

そうなったら、組織にとっても相当の損失だったはずだ。

## 「自分事」として考える

50歳近くになると、もうポストは限られる。給与も頭打ちになり、「そこそこ働いてしのいでいく」という気持ちになってもおかしくない。タモリのような「余裕のある」生き方に憧れる人も多いようだが、それは、「相当に頑張ったからこそのご褒美」であることを忘れてはいけない。

自分で勝手に「枯れ時」を決めてしまうのは、会社にとっても自分にとってもマイナスだ。

会社は時にミドルに対して「踊り場」のようなポストを用意する。その時は、当人の主体性をジッと観察していることが多い。「試されている」ということに注意してほしい。

# 俺だって一度は勝負したい

＊

## 自分で勝手に限界を決めない

「あのR課長がついに！」

ある朝、新聞の人事面にその名前を見つけたKさんは、10年前の出来事を思い返した。

「いいよねKさんのところは」

いつも他部署の同僚にそう言われるたびに、彼女は「そうね」と相槌を打っていた。「いいよね」と言われる理由は、上司であるR課長のことだ。

ただ、心の中では「完全同意」というわけではなかった。優秀でバランス感覚に長けたR課長だったが、Kさんにとってはどこか「歯がゆい」上司だったのだ。

R課長をめぐる最も印象的な出来事がある。Kさんは当時30歳になろうとする元気いっぱいの若手であり、R課長は40代半ばで第一線のマネージャーだった。

職場は、B to Bが中心の商社だった。質の高い産業機械の輸入が強みであり、業界でも一目置かれる名門だった。一般的な知名度は決して高くないものの、待遇もよく、大手商社からの転職組も多い。

職場には商社独特の活気があり、海外企業を相手にタフな交渉をこなせるタイプがリーダーになっていく傾向があった。ちょっと強引な激情家や、腹に一物があるような、何を考えているかわからない策士などもいた。

そんなマネージャーたちの中で、R課長は少し異色の存在だった。人当たりは柔らかく、若い部下の話もよく聞く。判断は的確だし、取引先に対しても言うべきことをキッチリと言ってくれる。

しかし、Kさんにとってはどこか「歯がゆい」のだ。それは、Kさんだけではなく、課内の部下たち誰もが感じていることだった。

Rさんは、「必要以上のことをしない」タイプだった。

大切な商談の前でも、部下に無理はさせない。やたらと資料を準備させて部下に負担をかける上司が多い中では稀有な存在だ。それでも課の業績は安定している。だから他部署からは「いいよね」と言われるのだ。

### やりたい仕事が舞い込んで

たしかに課の業績は悪くない。でも「もう一押し」があれば、もっとビジネスの機会を広げられるのではないか。若いKさんがそう感じることはたびたびあった。そんな時、新製品に関わる案件が舞い込んできた。

そのプロジェクトは、珍しくB to C、つまり一般消費者向け商品の市場導入だった。産業用機器が殆どを占める会社だが、ときおりこういう案件もある。

今回の商品はガーデニング機器のシリーズだ。取引のあるヨーロッパの会社が手掛けていて現地では大好評だという。高価ではあるが日本でも一定の需要が見込めるという判断だ。

そのプロジェクトの担当になったのがRさんの課だった。

プロジェクトが始まった時から、Rさんは妙に張り切っていた。いわゆる「ハイテンション」な状態だ。実は、Rさんは一般消費者向けの仕事を手掛けてみたかったらしい。しかも、庭いじりが好きで、家族と一緒に楽しんでいるという。

Rさんはいつになくよく動いた。自らアイデアを考えて、他部門まで相談に行く。販促予算は限られているから派手なことはできないが、アイデアでカバーした。自ら大手のホームセンターに足を運んで商談もまとめていった。ネットショップに交渉をしたり、BS放送の通販番組で扱ってもらうための手はずも整えた。

ここまで一般消費者向けの販売に力を入れたことは前例がない。もちろん、Kさんをはじめとするメンバーも奮闘した。皆、口にこそ出さないがRさんを「男にしたい」気持ちでまとまっていたのだ。

## 「慣れない頑張り」に体が悲鳴

ところが、発売を1週間後に控えた時に思わぬことが起きた。Rさんが体調を崩して、出社できなくなったのだ。

周囲はRさんの体調を気にしてはいたが、本人が張り切っているのだから止めるわけにもいかなかった。それが災いした。

Rさんの症状は想像以上に悪かった。単なる過労ではなく、消化器系の疾患が重く、結局Rさんは入院することになった。

命にかかわるようなことではないが、「短期間に相当のストレスがあったのではないか」というのが医者の見立てだった。

プロジェクト自体は仕上げの段階に入っていたので、Rさんが不在でもつつがなく進行した。しかし、メンバーの思いは複雑だった。

普段から「必要以上のことはしない」Rさんが、今回はフルに頑張った。それは、本人が好きでやっているのだし、大きなストレスやプレッシャーがあるようには見えなかった。それを察することができなかったことに、それぞれが悔いを感じていた。

Rさんの病室には毎日、課の誰かが訪れて現状を報告した。そして、商品の発売日を迎えた。その日に病院に行くのはKさんの番だった。

Ｋさんは朝から有力販売店の店頭に行き、挨拶をして売り場の写真を撮った。取引先の幹部社員の中には、Ｒさんの病状を気遣って声をかけてくれる人もいた。現場の様子をおさめたデジカメを手土産に、Ｋさんは病室に顔を出した。

さすがに痩せたもののＲさんの顔色は思いのほかよかった。それが何よりも救いに感じる。どうやら、もうすぐ退院できるようだ。

「結局、肝心な時には何もできなかったな」

Ｋさんの報告を聞き終わると、Ｒさんは苦笑いをしながら物静かに語った。そして、ふと思い立ったように話し始めた。その日の経験はＫさんにとって忘れられないものになった。

## 「もったいない」と言われ続けて

「俺だって、一度は勝負したかったんだよ。まあ、今回はちょっと張り切り過ぎた。これまで自分がどう見られているかは、だいたいわかっていたよ。『この人、いつ本気出すんだろ？』とか思ってたんじゃないか？」

Kさんはもちろん答えにくい。それなのに、ごまかすこともできずに「ええ、まあ」と言ったらRさんは大笑いした。

「まあ、こんなことを聞いても仕方がないかもしれないけど」と言って、Rさんはさらにポツリポツリと語った。

仕事は決して嫌いじゃないけど、人にアピールするのが性に合わない。それでも、結構いいペースで昇進もできた。だが、周囲の雑音も耳に入ってくる。「いつまで経っても本気を出さない」「もっとできるはずなのにもったいない」。そんな風に、誰もがどこかで囁いているのが聞こえたという。

「俺だってずっとこのペースでいいのか？　とは思ってたんだ。一度は無我夢中で仕事に取り組んでみるべきかなって。今回、その機会が来た。でも、体が悲鳴を上げた。日頃からもう少し頑張る習慣があればね……。分不相応だったのかなあ」

Kさんは返す言葉もない。

「でも、後悔はしてないよ。やっぱり一度はやれるだけのことをやった方がいいよ」

後でわかったのだが、いろいろと販促のアイデアを考えているうちに予算が足りなくなり、Rさんはわざわざ役員に掛け合ったらしい。「結果を出したい」というプレッシャーは相当だったのだろう。

職場に復帰したRさんだが、やがて営業の第一線を外れて人事部に異動していった。今回の件がきっかけで、今後の競争からは脱落したように誰もが思った。

それから10年。Kさんは転職して外資系の消費財メーカーでマーケティングの仕事をしていた。あの後、Rさんは人事部長に昇進していたが、転職先でついに役員に選ばれたことを新聞で知った。Rさんは「脱落」していなかった。あの「勝負」を転機として、自らのキャリアを切り拓いたのだ。

「自分もどこかで本気で勝負を挑まなくては」

Kさんは今度Rさんに会った時に「勝負」の決意を伝えたいと思っている。Rさんは何と言ってくれるのか。

Kさんは「よし」と自分に気合を入れ直して仕事に向かった。

## 「自分事」として考える

能力はあるのにどこか「覚めている」ような人がいる。根が恥ずかしがり屋なのかもしれないが、実は本人も「これでいいのか」と思っていることがある。

また、若い頃は大胆な動きもしていたのに、歳を重ねると冒険をしなくなる人もいる。

いずれにしても、何歳でも「もうひと勝負」は十分に可能なはずだ。最近は若返りを進める企業も多いが、それはミドル世代に対して「もう一度、頑張れ」というメッセージの表れでもある。

自分の限界を決める前に、もう一度挑戦できる機会を探ってみることを勧めたい。

# 一線を退いた後はどう働く？

＊

## 替えが利かない参謀役・相談役

２０１７年のプロ野球のパ・リーグは、福岡ソフトバンクホークスが2年ぶりの優勝を決めたが、その原動力になった一人は同年からチームのヘッドコーチを務めている達川光男氏だ。かつて広島カープの捕手として活躍し、１９９８年から２０００年までは監督も務めたが、現在はホークスにいる。

プロ野球で監督経験者がコーチを務めるケースは、調べてみると結構多いようだが、達川氏のケースはいろいろと興味深い。監督を務める工藤公康氏は当時54歳で、現役時代は投手だった。一方の達川氏は62歳で捕手出身である。

普通の社会人であれば「定年後再雇用」の年齢である。歳を重ねたからこそ「脇役」としていい仕事ができているのではないだろうか。達川コーチの働き方は、ミドル世代にもまたヒントになることが多い。

## 勘所を見極める「仕事の仕分け人」

広告代理店に勤めるMさんは、60歳を超えたが営業現場で頼りにされている。部長職を役職定年で退いた後も、同じ営業部に残っている人は珍しい。同じ部署にとどまると、元部下に妙に気を遣わせることも多いし、そもそも「現場にいてもすることがあまりない」というのが、厳しい現実だ。

Mさんの後任部長は50代前半。なので、まさにホークスの達川コーチと工藤監督のような関係である。そんなMさんは、どうして今でも頼りにされているのか。それは、年齢の割には「デジタル周り」に強く、かつ現場の仕切りができるからだ。

新聞やテレビ広告で育ってきた世代は、インターネット広告の仕組みを理解しきれていないので、若い人に任せがちになる。だがMさんはもともとパソコン好きだったこともあり、インターネットにも強かった。インターネットの広告は、作業がとても細かくなる。スマートフォンなどに出てくる広告も、その人の過去の履歴や今いる場所や時間帯などを考慮して出稿される。

それを検証して改善していくと、仕事が際限なく増えていった。そこに仕切り上手なベテランのMさんの出番があった。デジタル分野に強い若手はいるが、仕事の段取りにはベテランの経験がものを言う。

得意先に同行して、莫大になりかねない作業を仕分けする。

「立ち上げからの1週間は集中してスタッフをつけます」

「この目標を達成したら、ちょっとセーブして予算をとっておきましょう」

こんな感じで説明してくれるから、スタッフも得意先も安心する。

そんなMさんは、こまめにIT関連のニュースをチェックして、時間を見つけてはセミナーに行って最前列に陣取る。本当に新しもの好きなのだ。

常に最先端にいるMさんは貴重な存在となっている。

## 悩みを抱える人の「心のオアシス」

とあるメーカーの人事部次長のKさんは、50代半ばで営業部長を退いて人事の仕事をしている。そこには、少々特別な事情があった。

入社以来、営業部門の第一線で順調にキャリアを重ねてきたKさんだが、50歳になる頃に転機があった。1人暮らしをしている父親の介護である。

いろいろと体調を崩していく親を見ながら、段々と自分のできることを模索しているうちに、自らのキャリアについても考え直すようになった。

何もつきっきりになることはないが、定時で帰り、休みも取りやすい環境であれば、親のためにできることは多い。だがそれは、忙しい営業部長では無理だ。

幸いにして、当時の上司はKさんの思いをしっかりと受け止めてくれた。人事部次長というポジションを用意してくれたのだ。

職階上は降格になるが、上司はKさんの実績と今後への期待を込めて、肩書にも配慮してくれた。

今のKさんの仕事は「よろず相談屋」であり、人事と現場をつなぐ大切な役割を担っている。基幹人事の原案を頭の隅に入れながら、たくさんの人からヒヤリングをする。現場の声を整理して、人事部長や担当役員に空気感を伝える。

Kさんのおかげで風通しがよくなったという評判があちらこちらから上がった。

こうした仕事以外にもKさんが頼られることはたくさんある。

「心の不調」が理由で体調を崩したような人にとって、Kさんは「心のオアシス」になっていた。

仕事上だけではなく、私生活の問題が心の負担になる社員も多い。聞き上手のKさんは、頷きながら相手をリラックスさせて、時には自分の経験も語る。

家庭の事情があるので、夜の酒席に出ることは滅多にないが、「飲まなくても本音を聞き出せるようになった」とKさんは言う。

家族の介護をきっかけにして、「本当に役立っている」という実感があるというKさんは、「究極の窓際族だよ」とうそぶいているが、その充実ぶりが伝わってくる。

## 失敗をオープンに語れるか

Mさんや K さんのように、50代になってから組織の「脇役」として存在感を発揮する人はいる。だが、なかなかそうした役割を見つけられる人は少ない。役職を外れた途端に、居場所を失ったような感覚になる人の方が圧倒的に多い。

両者の違いは何なのか。自分のポジションを持てる人には、共通点がある。

1つは、Mさんのように1つの分野に精通したプロフェッショナルであること。こうした人はエンジニアなどの技術職には多いが、業界における未開な分野の勉強をしていくことが大切だ。年齢を重ねても「食わず嫌い」にならないことが求められるのである。

また、地位や役職と関係なく自分自身をオープンに話せる人は、どんな立場でも頼りにされる。K さんは、家族の介護をきっかけにして、改めて「人としてどう生きるか」を考えたという。そして、立場上建前しか言えない部長や役員より、本音で話せるようになっていった。

ホークスの達川コーチは、地元のスポーツ紙に数回にわたってエッセイを寄稿している。その内容は、自らの経験談をベースにしているのだが、実に失敗談が多い。キャリアを重ねるとついつい自慢話が多くなる人が目立つ。だからこそ、達川コーチの言葉には親しみを感じるし、相手の心に響くのだろう。

「プライドを心に秘めながらも、周囲にはオープンに接していく」

これはミドルのキャリアを考えるうえで、大切なことではないだろうか。

## 「自分事」として考える

会社組織の中では、誰もが最後まで第一線でいられるわけではない。

だからこそ、一定の年齢になったら「次の役割」を自ら考えなくてはならない。

それは自明なのに、いざ自分の身の処し方となると、ついつい後手に回ってしまう。

まずは自分の強みを、しっかりと自覚することだ。歳を重ねると自分のことがかえって見えなくなることもあるので、第三者のアドバイスをもらうことも有効だ。

本当に大切なことは、「地位」ではなく「役割」。そうしたシンプルな原則をもう一度見直せば、自分の持ち味を活かせる「居場所」が自然に見つかるはずだ。

# 〝余計な〟休暇制度が始まったせいで

＊

## 「休まない上司」はマイナス評価

「働く」と「休む」は表裏の関係だ。

働く時に集中力の高い人は、休む時もきちんと休む。一方で、仕事がダラダラしている人は、休みきれずに疲れも取れない。そういう評価が当たり前の時代になってきた。

単に「仕事ができる」だけではなく、「働き方全体」が問われているのだ。少し大げさかもしれないが、各々の「生き方の哲学」が問われることでもある。

「休み」でつまずいてしまったWさんのケースを見ていこう。

Wさんの勤務先は、インターネットサービスを中心としたいわゆるIT企業だ。大手メーカーの系列だったが、その後に業界再編の影響を受けて経営陣が大きく変わった。

社員も入れ替わり、雰囲気も若々しくなった。もともとの顧客基盤がしっかりしていて、業績も安定しているので転職市場での人気も高い。

## 「夏季休暇制度」の変更が逆風に

管理職になって数年が経つWさんの特徴は、「きちんとしている」ことだ。Wさんは納期と品質をキッチリと維持することが、最大の目的であり、「仕事とはそういうものだ」という環境で育ってきた。

その一方で、少々心配性なところがある。これは、環境というよりも持って生まれた性格なのだろう。少しでも予定がずれそうになったりすると、担当者に細かく聞きたがる。特に取引先から問い合わせがあったりすると、相当神経質になる。相手がそんなに急いでいなくても、Wさん自らが慌てて担当者を追い掛け回す。

周囲の人も「まあ、Wさんはそういう人だから」とあまり気にしてはいなかった。

実際に彼が管理する仕事は、きちんと成果を上げていた。

ところが、意外なところで彼に逆風が吹いた。

きっかけは「夏季休暇制度の変更」だった。


かつて「メーカーのグループ会社」という位置づけの時の夏季休暇は、いわゆる「お盆休み」の一斉休業だった。親会社に合わせていたのである。

しかし、経営主体が変わって取引先も増加すると、一斉休暇の方式の問題が目立ってきた。様々な業種の動きに合わせて、ビジネスを組み立てるためには、休暇制度も柔軟な方がいいという意見が多かった。

そこで一斉休暇に代わって、「フリー長期休暇」という制度が導入された。時期も長さも自由で、あらかじめ申請すればよい。基本は1週間だが、もっと長い人もいるし、お盆などのピークを避けることもできる。

フリー長期休暇の実施は、若い人を中心に好評ではあったものの、古くからの社員は今までの習慣でお盆の頃に休むことも多かった。Wさんもそうだが、この制度は苦手だった。

自分の休みはともかく、部下が自己都合でバラバラに休むと、担当しているプロジェクトの調整が難しくなるからだ。

**休みの日にも部下に電話**

進捗状況をチームで共有して、いざという時には連絡できるようにする。

会社はこれを徹底した。実際は、誰かが休みの時に緊急の電話をする必要はほとんどなかった。

だがWさんは違った。取引先から問い合わせがあると、「○○は現在、休みを頂いています」と言えない。「後ほど連絡させます」と対応して、休んでいる部下に電話をしてしまう。

Wさんが休暇中の部下にやたらと連絡すると、部下も落ち着かなくなる。最初は「まあ仕方ないか」と思っていた部下も、段々と苛立つようになってきた。

折しも当時の会社は休暇の制度だけではなく、広く人事システムの見直しをしている頃だった。上司だけでなく同僚や部下も評価者になる、いわゆる「３６０度評価」も導入された。

そんな中、「きちんと進捗管理をしている」というWさんの仕事振りは、「適切な権限移譲ができていない」と見なされるようになっていった。

間もなくWさんは現場の一線を外れて、管理部門に異動した。はたから見ると、彼に合っている「順当な」異動のようにも見えたが、実は「柔軟な働き方のマネジメント」ができないというマイナス評価での異動だった。

## 「社内失業」をきっかけに

逆に「休み方」を一新したことで評価されるようになった人がいる。広告代理店のクリエイティブ部門で、多くの部下を率いるHさんだ。

テレビCMを制作する仕事は、多忙で不規則になりやすい。毎日決まった時間だけ、働くわけではない。海外ロケになれば辺鄙なところまで行くことも多く、移動時間だけでも相当なものだ。

編集作業は遅い時間まで粘るし、企画のプレゼンテーションの前には強いプレッシャーもかかる。だから、当時売れっ子ディレクターだったHさんにとっての夏季休暇は、「あってないようなもの」だった。それが当たり前だったし、子どもの夏休み中に近場の海にでも行ければ「上出来」だった。

ところが数年前の金融不況の後に、入社以来の「恐ろしいほどヒマな夏」がやってきた。いわゆる「リーマンショック」が広告業界を直撃したのだ。Hさんの担当していた自動車会社の広告予算は大幅に減ることになり、他の得意先も広告出稿を手控えた。そのため、7月になってもHさんのスケジュールはスカスカだった。

いわゆる「社内失業」の状態になると、さすがに不安になる。上司に相談しても、「まあ、たまには休めばいいんじゃないか」としか言われない。

考えてみれば、有給休暇も相当たまっている。「じゃあ、ホントに休みますね」と宣言して、Hさんは2週間たっぷり休むことにした。

家族で旅に出て、妻の実家に帰省して、近所のプールでゴロゴロしているうちに2

週間はあっという間に経った。「何かあったらいつでも連絡してくれよ」と周りには言っておいたが、何の音沙汰もない。そして、出社してみたら意外なことがあった。実はHさんの不在中にCM企画の提案があったのだが、部下がきちんと仕事をこなしていたのだ。

この休みをきっかけにHさんの仕事ぶりは変わった。遅くまで仕事をせずに、部下に任せて帰るようになった。すると、チームに活気が出てくるのが目に見えてわかった。

## 「休む上司」の下で部下が育つ

実は、休み明けのHさんは、部下が仕事を進めていたことに一瞬焦ったという。「長期間休むと自分の居場所がなくなるんじゃないか？」という感覚があったからだ。だが、そんなことはなかった。

「これだけ休んでも仕事は回る。だったら、休んだ方がいいんじゃないか」

長い休みは心身ともにリフレッシュできる。その良さを実感できたことも大きかった。その年から、Hさんの「長い夏休み」は恒例になった。8月に殆ど出てこない年もあったが、「そういうものだから」と周りも気にしなくなる。

そのうちに「あのチームは若手が育つ」という評判になってきた。

Hさんは自身が働く時間が短くなるにつれて社内評価が上がり、重要な仕事を任されるようになっていった。

心配性でうまく休めなかったWさんと、考え方を切り替えてうまく休んだHさんはとても対照的だ。「いかに働くか」ではなく、「いかに休むか」。それが、ミドル世代の評価につながりつつある。

## 「自分事」として考える

あなたは上手に休暇を使えているだろうか。

うまく休めない人は、一度その原因を自分なりに考えてみた方がいいだろう。「業務が多いから」「自分がいないと仕事が回らないから」という〝理由〟は、往々にして思い込みであることも多い。

また、部下をきちんと休ませているかどうかも重要だ。「休め」と言っているだけでは足りないケースも多いので注意したい。

「休めない理由」の多くは、その人の心の中にある。習慣や思い込みに縛られているなら、今こそ自分を変える時なのだろう。

# 「引き際」を考える

「引き際」という言葉がある。

この言葉はいろいろな使われ方をする。恋愛のもつれ話の際に登場したりもするが、ここでは「第一線や現役から退く」という意味で語る。

一般の会社員であれば、その命運はほとんどの場合、会社に握られている。自らの意思で引き際を考える前に、肩たたきなどの形で何らかの〝通告〟を受けてしまうのが普通だ。

ただ、自らの自由にはならない引き際であっても、ミドル世代ともなれば、心のどこかでその準備を始めている。だから、現役を長く続けているスポーツ選手などの引き際に関しては、多くの人が興味を抱くのではないだろうか。

そんな「引き際」を考える時、必ず思い浮かぶ選手が三浦知良氏だ。

１９６７年生まれの51歳。現在はＪ２の横浜ＦＣに所属している。「キング・カズ」のこれまでのキャリアについては、ここで触れるまでもないだろう。言わずと知れた、日本サッカー界のレジェンドである。

彼の言葉が強く印象に残ったのは２０１５年の春のことだ。最年長ゴールを決めた後に、とあるテレビ番組で、野球解説者から「もうお辞めなさい」と言われた。この老解説者の発言には当然のように批判の声が多く寄せられたが、当のカズは、こう答えた。

「『もっと活躍しろ』って言われているんだなと思う」

そして、競技は異なるが、かつての名選手からそう言われたことについて、「光栄です」とコメントしたのだ。

この一連のやりとりを聞いた時に、これが「プライドの畳み方」なんだなと私は感じた。

自分の根っこにある誇りは捨てずに、〝現実〟の自分に対して全力で対処する。一方で、より高い結果を残していた〝過去〟へのプライドは、上手に畳んでいる。

過去の実績によりご意見番となり、〝過去〟と同様の活躍を残せないことを理由に、彼に引退勧告をした老解説者とは、何と対照的なことか。

なお、老解説者がその後、「カズにあっぱれ！　普通なら文句をつける。それを先輩からの助言と受け止める。男らしい、腹が据わっている」と絶賛したというエピソードも、添えておきたい。

このほか彼は、「サッカー選手でいちばん大事なのは、サッカーの試合に出て活躍したいという、この気持ちです」「とにかく今日が大事で、昨日は過ぎたこと。キャリアなんて関係ない。僕自身は自分が経験してきたことが大切なだけで。今日、今、自分の力を見せるのが大切なことで、昨日は関係ないんです」と現役を続けることの意味を語る。

「今日、今、自分の力を見せるのが大切」という姿勢は、日本の企業社会が社員に求める大きな方向性とも一致しているように思う。

歳を重ねてもカズのように振る舞えるだろうか。

# 第2章　キャリアを振り返る

# 会社員の幸せって何だろう

＊

## 「貧乏くじ」も見方によっては「当たりくじ」に

師走になり街が慌ただしくなってくると、Ｆさんはいつも先輩社員のＮさんを思い出す。

Ｆさんは大手メーカーの部長職。今のポジションに就いて3年になり、たくさんの部下を率いる立場にいる。サラリーマンとしては、十分に羨ましがられるポジションだろう。

しかし、50代ともなると〝ゴール〟が見え始めてくる。1年が終わろうとして今年を振り返ると、「来年はどうなるか」と漠然とした不安感を覚える。

Ｎさんの定年退職の送別会は12月だった。そんなこともあってか、12月になると「またNさんと会ってみたい」という思いが頭の隅をよぎるのだ。

ただ、NさんはFさんにとって「常に先を歩き続けた先輩」というわけではない。

また、決して「できる先輩」というわけでもなかった。

### 〝貧乏くじ〟ばかりの先輩

Fさんが部長として着任した時、Nさんは管理課長という立場だった。定年まであと1年あまり。いわば「あがり」のポストであり、Fさんにとっては「年上の部下」だった。

Nさんは穏やかな人柄でFさんをきちんと支えてくれた。ただ、あまり自分のことを語る人ではなかった。それでも、Nさんはある意味で「有名人」だった。

実はその社歴を辿ると、〝貧乏くじ〟の連続だったのだ。その噂はFさんの耳にも入っていた。

Nさんが入社したのは、オイルショックが一段落した頃だ。自動車メーカーなどに納品するB to Bのメーカーなので、その影響は大きかった。ようやく経済の状態はひと息ついたものの、高度成長時代の浮いた気分はなくなりつつある時期だった。

Nさんは営業部門に配属された。ところが、ここで最初の不運が起きる。配属された部の大手取引先の経営が危うくなったのだ。その後、その取り引きはなくなり、部は実質的に「解散」となった。若いNさんは「引き取られる」ように異動。その後も特定の部に長くいることはなかったが、入社10年が経った頃に広報室に移った。

当時、広報室は忙しかった。バブルの時代がジワジワと近づき、会社でも海外生産や新規事業への進出が続いた。新聞やテレビなどの取材申し込みも多く、会社のロゴやマークを変える、いわゆる「コーポレート・アイデンティティ（CI）」を行った時などは、相当の忙しさだった。

ところが、バブルが弾けてしばらくすると、「ツケ」がいろいろと出てきた。決算資料では言い訳が多くなり、社員の使い込みといった「不祥事の後始末」に追われたこともある。

そんな中でNさんは実直に仕事をこなしたが、その後、主要工場の総務部門の課長として赴任することになった。

## 後始末要員として工場に

異動先のポストはとても重要で、誰もが「栄転」だと思った。ところが半年も経たないうちに、工場の閉鎖が発表される。

「あらかじめ〝後始末要員〟として行かされたのか……」

そんな噂が飛び交う中、Nさんはここでも地道に頑張った。自分のことだけでなく、契約社員の再就職の世話などにも汗を流した。それが仕事の評価対象にならないことは十分承知していた。

その後、本社に戻ったNさんは総務や人事部門で仕事を続けた。部長になってもおかしくはないキャリアだったが、最後のポストは管理課長だった。総務時代は、役員の不始末の尻拭いなどもしていたという。

そんな経緯を経て、Fさんの部で管理を任されていたNさんだったが、定年退職の日が近づいて来た。60歳を過ぎても働き続ける人が多かったが、Nさんはスッパリと辞めるという。グループ会社への再就職のポストもあったのだが、それも辞退したらしい。

まあ、いろいろ大変な会社人生だったしな……。Fさんは、そんな風にNさんのことを思っていた。だからこそ、盛大な送別会をしてあげたかった。

そうこうしているうちに、送別会の準備を進めていると、「ぜひ出たい」という人があちらこちらの部から現れた。参加者が予想より多くなったので、大きめの会場で立食のパーティーをすることに決めた。

当日は盛会だった。若手の社員が、代わる代わるNさんの所へ挨拶に行く。ちょっと意外な気もしたが、どうやらみんな面倒を見てもらっていたらしい。

「いやあ、Nさんは本当に人徳がありますね」。新入社員までこんなことを言う。何でお前がそんな偉そうなことを言うんだ、という言葉を飲み込みながらFさんは苦笑いをした。自分の知らないところでNさんは多くの人に慕われていたのだ。

## 最後の挨拶で語った本音

そして、Nさんが最後の挨拶に立った。

その挨拶はFさんにとって、いやその場にいる全員にとって印象的なものだった。

Nさんは、まずこう言った。

「ありがとうございます。いま思うと私の会社員生活は本当に幸せでした」

それは単なる形式的な挨拶ではなかった。

「ベテランの方は耳にしたことがあるでしょう。私は貧乏くじをひいている、と。はたから見たらそうかもしれません。でも、仕事ってそんなものではないんです」

穏やかなNさんがこんなにも力強く話すなんて……。Nさんが入社以来の経験を淡々と話し始めると、会場は静まり返った。広報の苦労話では笑いを誘うこともあったが、工場閉鎖の修羅場では緊張感が走る。

こんなに達者に話す人なのか、とFさんも驚いた。

やがて、Nさんは「これから」の話をした。実は、再就職の話は決まっていて、数カ月後には東京を離れるという。行き先は、閉鎖した工場のある街だった。地元の契約社員の世話などをしているうちに、地域住民とのネットワークが広がっていたのだ。東京から新幹線で1時間半あまりの街だが、その後も地域の人たちとの関係はつながっていて、役所や金融機関の人から「ぜひ」と声をかけられたのだという。

自然の豊かな街に、第二の拠点を置いて新たな生活をする。そんな未来の話をするNさんは、イキイキとしていた。

「まあ、『貧乏くじだと思ったら当たりくじ』ということがあるのかもしれません」

挨拶が終わると、盛大な拍手が贈られた。若い社員はうれしそうに、ベテラン社員は半ば狐につままれたような顔をしている。

Fさんも、不思議な気分だった。想像していた以上に、Nさんは充実した会社員人生を送っていた。「幸せ」というのは、うそではないのだろう。ということは、一見すると成功している会社員が決して「幸せ」とは言えないのかもしれない。

それから程なく落ち着いた頃を見計らって、Fさんは Nさんのもとを訪ねた。無性に話がしたくなったのだ。新しく仕事をする街で、Nさんは Fさんを快く迎えた。

Fさんにとっては精神安定剤のような存在なのだろうか。Nさんと四方山話をしているだけで、Fさんは気持ちが落ち着いた。

そしてFさんは、今またNさんに会って話がしたいと思っている。それというのも、最近になって役員から意味深長なことを言われたからだ。

「F君も、来年は心機一転となるかもしれないな」

Fさんの「次」があるとすれば、役員への昇格か、グループ会社への出向だろう。その時期が近いことはわかっているのだが、「心機一転」とはどういう意味なのか。

モヤモヤしながら正月を迎える前に、Nさんに会ってみたい。そして、会社生活の「幸せ」についてもう一度考えてみたいと思うのだ。

## 「自分事」として考える

会社員のキャリアは実力だけでは決まらない。能力があっても運に恵まれない人もいるし、一方で、「不運を幸運に変える」ような人もいる。

組織の中でどのような仕事をするかは、自分ではなかなか決められないが、「不本意」と思った時に、意外なチャンスが身近にあることも多い。1つの辞令が「いいか、悪いか」は、すぐには判断できないのだ。

「幸せな人」とは、現実から眼を背けずに、機会を探っていく人ではないか。今、自分が「運が悪い」と感じているのなら、もう一度周囲を冷静に見てはどうだろう。幸運の女神は、案外近くで手持ち無沙汰にしているかもしれない。

# 何がしたくて会社に入ったのか

＊

## 「初志」を見直し、次につなげる

Ｐさんは50歳を迎える前に、「初志貫徹」で起業した。

インターネットの黎明期に社会に出たＰさんは、いち早く新しい技術の可能性に着目していた。就職した先は、今では誰もが知るＩＴ系の企業だったが、当時はまだ無名だった。その企業で実績を上げて、さらに2つの会社で働いた。はたから見れば、時代の流れに乗った羨望の対象ともいえるキャリアだが、必ずしも満足していたわけではなかった。

Ｐさんは、大学時代の研究室の教授が勧めた博士課程へは進まず、修士課程を修了した後に就職した。当時、研究していたテーマは性に合っていたが、それを振り切るようにして社会に出たのは、「自分の会社を興したい」という気持ちが強かったからだ。

それは、Pさんの生まれ育ちと関係があるかもしれない。

Pさんの父は、祖父の興した会社を継いでいた。「サラリーマンよりも自分で仕事を」という家風だったが、その会社はPさんの兄が継ぐことになっていた。起業家の多いインターネットの世界に飛び込んだのは、そうした環境で育った影響も大きかったようだ。

最初に入った会社で数年修業を積めば、起業のチャンスは自然と来ると思っていた。ところがいい意味で想定外だった。仕事が面白いうえに、より条件の良い他社からの誘いもあって、勤め先は変わりつつも会社勤めのまま時間が過ぎていった。

**新人の「輝いた目」を見て……**

時代の流れにうまく乗り、実績を上げてきたPさんは、業界のセミナーで講演をしたり、取材を受けたりすることも多く、「達人」などと呼ばれることもあった。

新人たちはそんなＰさんを前に、目を輝かしながら夢を語る。そして、Ｐさんのこれまでのキャリアや、さらには学生時代の夢の話まで聞きたがる。そんな新人たちの目が、表情が、Ｐさんの「むずむず」を刺激した。

今の仕事も十分に楽しいが、起業したいという「最初の気持ち」は捨て難かった。年齢的に「最後のチャンス」を迎えつつあるという思いもあった。さらに、兄が正式に父の会社を継いだこともＰさんの背中を押し、50歳を前に独立を決心した。

「これでようやく一人前になった気がする」

Ｐさんは感慨深げにそう言った。

**東日本大震災をきっかけに**

Ｑさんは大手の金融機関に勤めている。

入社は90年代半ばだった。バブル経済は崩壊し、その一方で金融機関をめぐるスキャンダルや経営不安も目立ち始めた頃である。

つつがなく仕事をこなしてきたＱさんだったが、40歳を過ぎてから、気持ちに変化が生まれた。きっかけは、2011年に起きた東日本大震災だ。

Qさんは北関東出身だが、親族が阪神・淡路大震災を経験したこともあり、学生時代には被災地でのボランティア活動をしていた。そんなQさんにとって、東日本大震災のインパクトは大きかった。

Qさんの会社ではボランティアのための休暇制度があった。その制度と自分の有休を利用して、Qさんは被災地に何度も通った。東北地方に地縁はなかったが、思っていた以上にのめり込んでいった。

ことに阪神・淡路の経験を活かしたうえでのアドバイスは地元の人に喜ばれ、ボランティア仲間からも一目置かれた。そんなボランティアの活動はQさんにとって、自分自身を見直す機会にもなった。

そしてQさんもPさんと同様に、「最初の気持ち」を思い出すことになる。

「そもそも、自分はなぜ金融機関を選んだのだろう？」

当時は、「世の中のため」という気持ちが強かった。学生の頃は金融不安も強く、就職先として金融機関の人気はあまり高くなかった。しかし、金融機関はそもそも社会性の高い業務を担う。おカネを通じて事業の成長や個人の生活、社会の整備に貢献する大切な仕事だ。Qさんはそこに魅かれた。

そんなことを面接で熱っぽく語り、複数の内定を得た。しかし、つつがなくキャリアを重ねていく中で、いつしか就職当時の気持ちは薄れていった。どの仕事ももちろん、「世の中のため」ではあるけれど、その一方で、目標である収益を達成することがアタマの大半を占めていく。

震災後のボランティアは当時の気持ちを蘇らせた。

一方で、現在の自分の仕事に対しての疑問も高まった。そうした葛藤の中で人事異動に関する自己申告の機会が来た。

## 昇進しても、どこか気持ちが晴れない

Qさんは、会社が運営するある財団への出向を希望した。その財団は主に若い人への教育を援助したり、研究を応援したりするものだ。

会社は困惑した。人事からは「何かあったのか?」と心配され、直属の上司からは、「期待しているんだから、変な気を起こさないでくれよな」と強く言われた。財団への異動希望は「第一線を退く」という見方をされていたのだ。

結局、Qさんの異動希望は叶わず、その後、順当に昇進した。同期の中でも早い出世で、周囲からは「おめでとう」と言われるが、心のどこかに引っかかりがあった。「地方の企業で、自分の力を生かして『世の中のため』に何かできないか」

そんな気持ちで求人や転職の情報を集めたが、あと一歩踏ん切りがつかなかった。「もしかすると転職するより、今の仕事に全力を挙げた方が『世の中のため』になるのではないか」

夢を語りながら入社してくる新人を迎える春になると、そうとも思う。Qさんは答えが出ないまま悩み続けている。

**「初志」を思い返す**

自分が本当にしたいことは、何なのだろうか?

「仕事の大きさ」も相応になり、会社におけるポジションも固まってくると、そんなことを思い起こすことも出て来るだろう。それは、30代後半から40代の頃が多い。ところが、その時期は管理職としての責任が増す一方で、新たなことに挑戦する心理的・時間的余裕が持ちにくくなる。

しかし、そんな時期にこそ足元を見直すことが大切になる。そこで、思い返してほしいのが、社会に出た時の初志、いわゆる「最初の気持ち」だ。

「初志」は「貫徹」すべきなどと、偉そうなことを言うつもりはない。ただ、社会人としての自分のキャリア、個人としての生き方を見直すには、何らかの視点・判断基準が必要となる。そうした基準さえあれば、漠然と後ろ向きに折り合いをつけている人も、そこから脱することができるかもしれない。

「人生100年」と言われる中で、「本当にしたいこと」に挑む機会は増えていくだろう。50代になっても、いや50代以降にこそ、「初志」を思い返すことが大切になる時代と言えそうだ。

## 「自分事」として考える

「これが天職だ！」と満足して日々を過ごしているような人は別として、多くの人は、「自分も本当は……」という気持ちにふたをしながら、目前の仕事に精力を傾けて過ごしているのではないだろうか。

しかし、働き手の数が減り、多様な働き方が求められる中で、組織に属しながらも「副業」などを推進する動きが急速に強まってきた。「定年」の数字にとらわれずに「したいことをする」空気も広がっている。

「何歳になっても挑戦ができる」

初志を貫きたい人にとって、こうした環境変化は追い風になっているので、ぜひ活かしたい。

# ずっと「専門職」でいたい

＊

## 〝職人〟だからこそ、教えられることがある

　Rさんは大手電機メーカーのグループ企業で、ウェブサイトの制作を請け負っている。波乱の続くエレクトロニクス業界で、親会社もいろいろと大変だ。しかし、インターネット草創期に設立されたRさんの会社は、グループ内では「優等生」とされている。もちろん業界内での評価も高い。

　40代半ばのRさんは、社内でも一頭地を抜くエンジニアで、周囲から「本物のプロ」という評判を得ている。

　そんなRさんが「すごい」と尊敬しているのは野球選手のイチローだ。Rさんは、イチローより少し年上だが「同世

代」だと思っている。イチローは何よりも、自分の技を磨くことに徹底的にこだわる。その姿は、Ｒさんが理想とする生き方そのものだった。

「もっと、取っ付きにくい人だと思ってました」

Ｒさんは会社の懇親会などで、異動してきた人から必ずそう言われる。得意先への説明などは上手で、コミュニケーション能力も高いのだが、余計なことはあまり言わない。デスクで黙々と仕事をしている姿は、ちょっと声をかけにくい。

「最近、イチローすごいですよね」

Ｒさんがイチローのファンだということを知っている後輩は、何か用事がある時にそう語りかける。するとＲさんは、人が変わったようにニコニコしながら話し始めるのだという。Ｒさんはただ、寡黙なだけなのだ。

だが、経営陣はこのＲさんに関してアタマを痛めていた。

## 専門職以外「やらない」

Ｒさんのキャリアからいえば、マネージャー職になる資格は十分に有している。とところが、Rさんはハッキリとマネージャー職を嫌がっている。

「専門職としてのコースがありますよね。専門職がいいんです」

役員はその態度に困っていた。

Rさんより力量がある人材は社内にはほとんどいない。会社としてはRさんを専門職として「年下の上司」の下で働かせるよりも、マネージャー職として力を発揮してもらいたいと考えていた。

そんな状況下、新たな役員が赴任してきた。親会社から送られてきたDさんだ。現場と人事部のそれぞれでキャリアがあり、Rさんの会社では「人事・総務」の担当役員を務める。「かなりの実力派みたいだ」という話はすぐに広まり、社内はDさんに期待した。

Dさんは引き継ぎで前任者からRさんの話を聞いていた。「すごいスキルはあるけど、頑固なんだよね」という話である。昼休みなどの世間話の時に、前任者の役員は、Rさんにこんなことを言ったらしい。

「もう、さすがのイチローもそろそろ限界じゃないか」

それを聞いたRさんは、険しい表情でにらみつけた。以来、前任者とは不仲になったという。

Dさんはその話を聞いて思わず苦笑した。もはや社内の「都市伝説」のようになっているが、Rさんはそれだけの存在感がある人材なのだ。

「これは、じっくり話を聞いた方がいいな」。そんなことをつぶやきながら、Dさんの試行錯誤が始まった。

## イチローを徹底研究

まず、Dさんはイチローに関する記事を読み漁った。そして、あることに気づいた。もはや大ベテランの域に達したイチローは、若手の見本として存在感を増しているというのだ。

それも、打撃技術を学ぶだけではない。普段からの練習や試合前の入念な準備など、自分の体を大切にする姿勢も若手にとっては見習うべき点だった。道具へのこだわりや手入れなども、手本になるという。

それがヒントになった。人事面談の時期を迎える前に、Dさんは決めた。Rさんには専門職のままでいながら、「後進の育成」をミッションに加えることにした。

ただ、専門職の職能要件に「後進の育成」という項目はない。そこで、親会社の人事に相談して承諾を得た。「そうそう。そのケースはこっちでも悩みどころなんですよ」。親会社の担当者はそう言いながら共感してくれた。

## プロならではの「育成」視点

Dさんは、準備を整えてRさんと会った。これまでの実績や現状の課題などを話しつつ、「この先なんだけど……」と切り出す。すると穏やかだったRさんが身構えるのがすぐにわかった。

Dさんは遠回りしながら若手について何を思っているのかを聞いていく。するとRさんは、「育成」についての独自の考え方を語り始めた。

「単に専門的なスキルを磨けばいいわけではありません。何より大切なのは、周囲の話をよく聞いて自分が抱えている課題を発見することです。ですが、前のめりになってそこを飛ばし、もがいている若手が多い。その先走りを抑えることができれば、もっとスムーズに成果が上がると思います」

人事畑にいたDさんにとって、その指摘は大変理に適っているうえに、その道のプロフェッショナルならではの意見に感じられた。

頃合いを見て、Dさんは言った。

「今の専門職のままで結構ですが、来期からは育成担当としての職務をお願いしたいと思います。職務の要件付与はこちらで整えますから」

驚くRさんに、Dさんはイチローの話を持ち出した。若手の見本になっているエピソードなどは、もちろんRさんもよく知っていた。

話が一通り済んで、Rさんは言った。

「ありがとうございます。できる限り頑張ります」

これは紛れもなく「本物のプロ」の顔だ。Rさんの目を見てDさんは感じた。

## 根強い「職人」へのこだわり

Rさんのような人は、どのような会社にもいる。エンジニアや研究者だけではない。営業職などでも、プレイヤーであることにこだわり続ける人は多い。

今は複線型キャリアを用意している会社も多いが、うまく機能しているとは限らない。「本線」から外れた人のための「引き込み線」のようになっている会社もある。

一方で、現場にこだわる人が「職人の殻」にこもってしまうことは組織にとって大きな損失だ。Dさんのアプローチは、そうした状況を打破する一つの方法だろう。

なお、その後のRさんは、新たなミッションで期待以上の成果を上げているという。口が達者な「教えたがり屋」は周囲から煙たがられることがあるが、Rさんはもともと口数の少ないタイプだ。それが却っていいのだろう。

本人も新しいミッションに挑むことで若手と接する機会が増え、新しいやりがいを見出したようだ。おそらく自分でも知らない間に、マネジメントに関心を持ち始めたのではないか。

## 「自分事」として考える

いわゆる「職人肌」の社員にとって、ミドル以降の身の振り方は大変悩ましい。自分はプロだと言い聞かせても、企業内で力を持っているのは通常、マネジメント層の人間たちだ。

組織内での居場所探しは、簡単ではない。

一方で、こうしたプロフェッショナルのスキルこそ組織で共有して、次代に伝えるべきだ。単に「複線コース」のキャリアプランを用意するだけではなく、このケースのように柔軟な運用を行うのも一つの方策だ。

なお、イチローは2018年のシーズン途中で「球団会長付特別補佐」となった。ファンにとっては、これからの生き方がさらに気になることだろう。

# 彼女たちにとって「私の生き方」は？

＊

## 不安を断ち切り、自分がロールモデルになる

人の悩みには、はたから見て「わかりやすい」ものもあれば、「わかりにくい」ものもある。順調に人生を送っているような人ほど、そうした見えにくい思いを抱えていたりする。

Eさんはまさに、そんな一人だ。

新卒から勤めている女性では数少ない管理職で、順当にいけばさらに上にいく。それは本人も自覚している。

総合職で入社した頃は、まだ典型的な男社会だった。消費財のメーカーで主なターゲットは女性だったが、女性が要職に登用されるケースはほぼなかった。だが、30歳を過ぎて転機が訪れた。

## 外資系転職組に勝ち、順当に出世

会社はバブル崩壊後の後遺症が抜けず、経営自体が荒波にもまれた。外部から資本を注入し、併せて社長を外から迎え、大規模なリストラが行われた。

激動の時期だったが、Eさんの世代は結果的には陽の当たる場所に出ることになる。彼女は宣伝やマーケティングの仕事を担当していたが、チャンスが来たのだ。

会社としては、いわゆる「止血」を終えて「攻め」に出るタイミングである。Eさんは反攻に向けた戦略商品を担当することになり、そこで大きな成果を上げた。その仕事振りは高く評価された。

その頃は外資系企業から転職してくる同年代の女性と競うことも少なくなかった。しかし、Eさんに焦りはなかった。淡々と目の前の仕事をこなすことに集中し、一方のライバルたちは、力み過ぎて自滅していった。

そんなこともあってEさんは40歳を過ぎた頃にはマネージャーになっていた。20代の頃に結婚して子どもを産み、大変だった家庭と仕事の両立も周囲に助けられ、今では一段落した。とても順風満帆に見える。

ところが彼女は、何とも言えない「心の空白感」を抱えていた。それは、自分の将来についてではない。部下の女性たちに対しての物足りなさだ。

## 「もう十分」という後輩女性たち

Eさんが仕事を楽しいと思えるようになった30代半ば頃は、若い女性の後輩がどんどん増えた。業績も回復してきて、会社の広報からも声がかかる。いわゆる「女性チーム」として取材を受けることも少なくなかった。

忙しかったが、若い女性チームならではの成果を出していた。インターネットを駆使したキャンペーンをいち早く仕掛けて、話題をさらったこともあった。

Eさんは後輩の彼女たちに対し、仕事はもちろん、私生活の相談に乗ることも多かった。結婚式に出て思わず感極まったこともある。メンバーの多くは結婚や出産を経て、苦労しながらも前向きに取り組んでいる。

ところが、ここに来て予想していなかったことが起こった。部下の女性たちがことごとく「Sコース」を希望してきたのだ。

Eさんの会社では、最近になって「複線型人事制度」を採用した。大きく分けると、マネージャーを経て組織のリーダーになる通称「Mコース」と、自らの得意分野を活かしてスペシャリストを目指す通称「Sコース」がある。

将来的に「大きな責任を負う仕事」をするケースが多いMコースの方が待遇はいい。しかし、それだけではポスト不足などが起きるので、働き甲斐を維持するために考え出されたのが「Sコース」だ。Eさんは多くの人が待遇のいい「Mコース」を選ぶと考えていた。

ところが、30代の女性の部下たちがことごとく「Sコースがいい」と言う。

理由はハッキリしない。でも、Eさんには何となくわかる。共働きで世帯収入は十分にある。仕事も面白い。簡単にいえば「もう十分」なのだ。これ以上、頑張る理由はないのである。

後輩たちが上に行くことを望まないのは、それぞれの価値観の問題だ。男性のほとんどは、マネージャーを目指す「Mコース」を希望する。それで、会社は回っていくのだろう。それでも、どこかスッキリしない。

「ガラスの天井」という言葉がある。女性の昇進には目に見えない「天井」がある、という意味の比喩だ。英語の「glass ceiling」の訳で、米大統領候補だったヒラリー・クリントンも言っていたくらいだから、女性の社会進出が遥かに進んでいる海外でもそういう感覚はあるのだろう。

## 足元に〝楽園〟が見える

しかし、今Eさんが感じているのはガラスの天井ではない。足元にある「無人の階段」が気になるのだ。自分の後を歩こうという女性は誰もいない。

Eさんは階段の下の踊り場が、苦労しなくて済む〝楽園〟に見えて仕方がない。きっと彼女たちは、自分とは違う道を歩んでいくのだろう。それはそれでいい。彼女たちの選択だから。しかし、いくら自分に言い聞かせてもEさんの心はどこかザワザワしている。

「自分の生き方は魅力的に見えていないのだろうか？」

「もう、昇進の話があっても断ろうか……」

こんな考え自体、バカバカしいとは思っている。それでも、ついつい想像してしまう。これだけ頑張ったのだから「マイペースの50代」もありなんじゃないか。

そんなことを考えていた頃のことだった。夜にテレビでニュースを見ていたら、ある女子サッカー選手のインタビューが流れていた。長年チームを引っ張ってきたエースが引退することになったというものだ。

彼女の口から語られる仲間との様々な思い出話はEさんの心に沁みた。

## 1人で「誰もいない階段」を登る恐さ

Eさんがそんな思いで日々を過ごしていたある日、かつての上司のZさんからランチに誘われた。Zさんは現在、人事部門などを管轄している常務執行役員で、前々からEさんのことを目にかけていた。また、早くから人材育成に熱心で、キャリアプランの多様化への対応については特に心を砕いていた。

Ｅさんは話のテーマの見当がついていた。若い女性たちの「Ｓコース志望」の件だろう。別に咎められることもないだろうし、そういうことを言う性格の人でもない。ただ、今の時期に顔を合わせるのは、あまり気乗りがしなかった。

Ｚさんは、ランチの席で挨拶もそこそこに切り出した。Ｅさんの同年代の女性マネージャーが退社するという。競合へ転職するというわけではない。常務はあきらめ顔で「まあ若隠居だよ」と言う。夫も十分な稼ぎがあるようで、「一度は主婦をしてみたい」などと言っていたらしい。

そういうわけで、ちょっと変則的な時期の異動があるかもしれない。そうなったら新しい仕事に取り組んでもらうだろうし、責任も大きくなるだろうという話だった。

ランチの時間も短かったので、自分が言いたいことを口に出せる雰囲気でもなかった。しかし、帰り際にＺさんはこんなことを口にした。

「もう下がついて来るとか、来ないとかで悩んでいる場合じゃない。結局、自分の仕事をしっかりやっていくことしか、できることはないんだ」

Ｅさんは「ああ、見透かされていたんだな」と感じた。ガラスの天井がない環境なのに、1人で階段を登るのがどこか怖かったことを。

## 自分の仕事を全うするしかない

しばらくして、Eさんは人事部門に異動して職位も上がった。自分の仕事をまっとうしていたことが評価されたのだ。女性でそのポジションに就くのは初めてだった。

Eさんは今までになく充実しているという。

「自分の仕事を通じて、満足できる職場を作る」

それが、いまの彼女の目標だという。女性をめぐる職場環境は大きく変化した。まだまだ課題は山積みだが、活躍の場は着実に広がっている。

一方で、生活や将来設計についての価値観は世代によっても大きく変わる。「上を目指さない価値観」は、男女を問わずに広がりつつあるようだ。

そんな世の中で大事なのは、まずは自分の仕事をキッチリと仕上げていくこと。価値観が多様化しているからこそ、Eさんのような「腰の据わった姿勢」は頼もしく映るのだろう。

## 「自分事」として考える

一生懸命登ってきたのに、ふと下を見ると誰もついて来ない。こんなEさんのような感覚にとらわれるミドル世代は男女を問わずに増えているようだ。会社の中で上を目指さなくても、「自分たちなりの幸せ」をつかもうとする価値観が若い世代を中心に台頭しているのである。

彼らは仕事をこなしながらも、未来については複数の選択肢を用意している。当然のように転職も視野に入れているし、「仕事よりも家庭」と考える人もいる。現在の会社で「上を見る」ことへの関心が相対的に薄れているのだろう。

しかし、それを嘆いたところで何の解決になるわけでもない。ミドル世代が「自分の背中」を見せることで、新しい風土が育まれていくはずだ。

# 第3章　ゼロからの再出発

# 出向で支社長になったが、ここは……

＊

## 「称賛」を求めず、「感謝」を積み上げる

Wさんが勤めている大手の流通企業は、全国の四方八方にネットワークを張り巡らせている。関連企業も多いので、ずっと本社に残る人は少ない。だから50歳を目前にして、子会社出向への内示をもらっても驚くことはなかった。物流会社の支社長というのは、ある意味「予定通り」のコースだったからである。

Wさんにとっての〝全盛〟時代は、30代半ばに購買を担当していた頃だった。当時は衣料分野でもかなりの売り上げがあって、Wさんも新分野に切り込んでいった。そんな状況を同期から羨ましがられることも少なくなかった。

しかしその後、衣料分野は専門店の攻勢で段々と劣勢になっていった。気がつくと、同僚も徐々に減っていき、自分も50代に突入する歳になった。そして、今回の出向辞令だ。

出向していくベテランの中には、新しい部署の〝改革〟に燃えて乗り込んでいく人たちもいる。だが往々にして、不完全燃焼に終わることが多い。だからWさんは様子を見ながら少しずつ手を打とうと考えていた。

## 出向先が平穏すぎる

Wさんが出向した支社は、それなりに機能していた。ただ、もっとできることがあるはずなのに、メンバーは毎日決まったことをこなすだけだった。

「たまには、勉強会とかしてみたらどうだろう」。そんな思いつきを古参の課長に話してみたが、「なるほど、そういうのもいいですねえ」と、軽くいなされてしまった。

そんな反応に歯がゆさを感じつつも、Wさんもまた日常業務を淡々とこなすようになっていった。

物流の仕事は天候異変や事故などのトラブルに気を遣う。本社からのコストダウンの指示にも頭を悩ます。それでも全体的には平穏だ。だからこそ、物足りなさがあり、エネルギーを持て余していた。

ちょうどその頃、マンションの管理組合の理事が交代することになった。Wさんにもお鉢が回ってきたのだが、これを機会にちょっと入れ込んでみようかという気になった。

というのも築15年を過ぎてきて、今後の補修工事などの課題が山積みだったからだ。駐車場にも空きが出ていて、収入も減少傾向にある。まさにコストダウンが求められる状況だ。

そんな中、Wさんは様々なアイデアを出した。理事長は既にリタイアしたZさん。「うん、うん」と聞き上手ではあるが、早々にことを動かすタイプではない。「相見積もりを取ってはどうか？」というWさんの提案に対しても慎重だ。他の理事も似たような感じである。

ある日の理事会の後、「時間があったら、お茶でもいかがですか？　あるいはビールでも」とWさんはZさんに声をかけられた。

まだ夜の9時前だったので、Zさんの自宅でビールを飲みながらのよもやま話になった。Zさんの現役時代の話は自慢話などではなく、なかなか面白い。業界が全く異なるだけにあっという間に時間が経った。

「ところで……」とZさんが切り出した。

「理事の仕事は面倒なことばかりだよね。誰も誉めてくれないし。ただね、たまに『ありがとう』と言ってくれる人がいてね。ちょっとした苦情への対応や小さなルール作りに対してだけどね」

無言でうなずくWさんにZさんは続ける。

「若い時はね、人から『すごい！』って言われるのがうれしかったけど、そういう機会はどんどん減るもんだよね。でも、『ありがとう』って言われる機会は意外とあるんだよね」

それを聞いてWさんはハッとした。後にWさんは「あの一言が転機だった」と考えるようになる。

## 物足りなさの理由がわかった

なぜ、この一言がWさんの転機になったのか。

それは人間の根本的な欲求と深く結びついている。Wさんにとって最も脂が乗っていた30代の頃は「すごいですね」と言われることに喜びを感じ、それが仕事のモチベーションにつながっていた。

このような心理を「称賛欲」という。仕事の達成への意欲が強い人は、こうした欲求に支えられていることが少なくない。

一方で、「ありがとう」と言われることに強い喜びを感じる人もいる。これは「感謝欲」だ。

「どちらの欲求がいいのか？」という話ではないが、「すごい！」と言われる回数と、「ありがとう」と言われる回数はどちらが多いか。

多くの人は後者だと思う。

「すごい」と言われるためには、ある分野において卓越した能力が必要だ。多くの場合、そう言われるのは脂の乗った若い時期に集中する。歳を取れば取るほどその機会は減っていく。

だから称賛欲が強く、かつそれがこれまで満たされてきた人ほど、ミドルになってから心の持ちようで苦労する。第一線から外れていく中で不完全燃焼に陥り、うまく適応できなくなるのだ。

そんな姿は周りから敬遠され、やがて孤独になっていく。

実はWさんにもその傾向はあった。物足りなさに悩まされていたのだ。しかし、Zさんの一言で心持ちを変えることができた。

「『すごい』と言われなくていい。小さなことでも『ありがとう』と言われることをしよう」

Wさんはそこに気づいたのである。

## 皆の要望を聞いてわかったこと

ちょうどWさんの職場では、定期的な個人面談の時期を迎えていた。いわゆる「目標共有」と言われるものだ。形式通りに無難に〝流す〟こともできたが、今回は社員それぞれの要望を改めて聞いてみることにした。

すぐに、不満をぶつけてくるような者はいなかったが、それなりの声を拾っていくことはできた。そして、要望を聞いていてWさんは気づいた。

仕事に対する要望より、設備の改善要望が多かったのだ。「職場の電子レンジが古い」「エアコンの温度設定が合わない」「トイレに洗浄機能がほしい」などである。

そんな要望の中からWさんは「情報端末の刷新」に手をつけることにした。職場で使用している情報端末はかなりの旧型で、新型にすれば作業効率はぐんと上がるのが目に見えてわかっていたからだ。

刷新するにはコストもかかるが、できるだけ安価で導入できるように熱心に検討した。すると、そんなWさんの姿に感化されたのか、導入コストの削減アイデアや他社の刷新事例を教えてくれたりする社員が出てきた。

Wさんは、そうした社員一人ひとりに「ありがとう」と丁寧に声をかけた。

結局、情報端末の刷新は会社全体の経営会議の議題に上がったものの、予算の都合で来期以降の検討課題として先延ばしされた。

しかし、職場には大きな変化が起きた。社員が自主的に様々なコストダウンを始めたのだ。そのおかげで、いくつかの備品を刷新することができた。

職場の雰囲気が変わったことで、部下からの食事の誘いも増えた。かつて本社で働いていた頃の話を熱心に聴いてくれる部下もいた。

「いろいろお話を聞かせてもらってありがとうございました」

Wさんはその感謝の言葉を素直に受け止めた。「すごいですね」と言われなくても、とてもうれしい瞬間だった。

後に、Wさんは本社の総務部門に戻ることになる。この企業では、珍しいカムバックだ。称賛から感謝へ。Zさんからもらった一言は、想像もつかないほどの転機につながったのである。

## 「自分事」として考える

若い頃は「どうだ！」とばかり見得を切っていた人でも、段々とそうした機会は少なくなる。「称賛欲」が満たされなくて物足りなさを感じたら、「ありがとう」の言葉に着目するといい。きっと「ありがとう」があなたを満たしてくれるはずだ。

どんな仕事も、誰かの「役に立つ」ことで成り立っているのだから、そうした感謝の連鎖はすべての仕事の本質なのである。

役回りが変われば、期待されることも変わる。その時に、自分自身の気持ち、つまり「欲求の質」を見直すといい。働くうえでの満足度に大きく影響してくるだろう。

# 50歳を過ぎて地方転勤、適応できるか

＊

## 新天地では自分を〝緩める〟ことも大切

それは、Ｃさんにとってある意味予想通りの辞令だった。間もなく50代というタイミングでの地方転勤。本社の管理畑と営業スタッフを行き来しながらキャリアを積んできたＣさんは支社長代理として赴任する。

本社に戻ってきた時には、管理職ポストを外れることになるだろう。自分の会社生活も何となくゴールが見えてきた。

いろいろな人に挨拶に行ったが、最も印象的だったのは人事部のＪさんだ。Ｃさんの10年ほど年上で似たようなキャリアを歩んできた。最近まで人事部の次長だったが、そろそろ定年待ちのポジショ

ンになる。

Jさんと食事をした後、別れ際にこう言われた。

「まあ、50歳くらいで転勤したヤツは2つに1つだから」

何が「2つに1つ」なのか。人事畑の長いJさんは、こういう時にあまりハッキリとは言わない。だが、Cさんは何となくわかった。

「まあ、オマエなら元気にやっていけるはずだけど」。Jさんは、そう付け加えた。

Cさんは、それ以上聞かなかった。このくらいの年齢で地方に行った人のその後は両極端だと感じていたからだ。

仕事はしっかりとこなしながらも、地方の良さを満喫してイキイキしている人の話は結構耳にする。一方で音沙汰がないと思っていたら、早々に本社に戻って部屋の片隅でひっそりしている人もいた。Jさんはきっと様々な人を見てきたのだろう。

しかし、あまり気に病んでも仕方がない。Cさんは、新天地へと向かった。

## 転勤で生活の再構築に成功

結果的にCさんにとってこの転勤は、「贈り物」のようなものだった。赴任した支社は東阪名に続く規模で、仕事の張り合いは十分。街は住みやすく通勤は楽で、休日に足を延ばせば自然も満喫できる。

久しぶりに釣りを再開し、新しい趣味として茶道も始めた。茶道がもともと盛んな土地柄で近くには焼き物の産地もある。茶道の社内サークルを通じて、「茶飲み友達」も増えた。

最初は単身だったが、子どもが就職したのを機に妻も合流。夫婦水入らずの新生活も新鮮だった。予定の5年を迎えた時点で「もう少し」と赴任期間を延ばしてもらったが、赴任から6年を過ぎ、「さすがに戻ってこい」と言われて本社に戻ることになった。

さて、次はどうするか。ある程度の希望は会社に言うことができる。50代半ばとなれば管理職は後進に譲ることになるが、できれば「みんなの役に立つ仕事」がしたいと思った。

誰かに相談しようと考えた時に、真っ先にJさんの顔が思い浮かんだ。直接会う機会は減ったが、近況はわかっている。グループ会社での役職も終えたようだから、時間はあるだろう。早速、連絡を取ってJさんと会うことになった。じっくり話すのは久しぶりだ。

Jさんと会って互いの近況を報告し合いながら、ふとCさんは転勤前に言われたJさんの言葉を思い出した。

「50歳くらいで転勤すると、その後は『2つに1つ』とおっしゃいましたよね？」

「ああ、そうだったな。で、オマエは大丈夫だったろ？」

Jさんが「予言」した通り、Cさんは地方勤務を十分に楽しむことができた。何より視野が広がったし、「会社員発想」がいい意味で薄くなったと自分でも感じられた。しかし、『2つに1つ』のもう片方、つまり「うまくいかなかった人」もJさん曰く「かなりいる」という。転勤先に馴染めず、場合によっては体調を損ねる者もいるらしい。いったい何が要因でその差が生まれるのか。

本社でいろいろなケースを見ていたJさんなら、何か手がかりのようなものを知っているのかもしれない。その辺りの事情をJさんに訊ねてみた。

## 自分を「緩められない」50代

「ううん、そうだなあ……少なくとも能力的なものではないと思う」

ただし、と一拍間をおいてからこう続けた。

「何というか、自分を適度に『緩ませる』ことができるかどうかじゃないかな」

小さな街の支社に行けば、東京のような慌ただしさはなく、やはりのんびりしている。そうなると居心地の悪さを感じる人が多いのだという。一方で、東京に次ぐような大都市だと、「ここでもう一旗」と張り切りすぎる人もいる。

Cさんの赴任した街は「緩ませる」にはちょうど良かったのかもしれない。そんなことを言うと、Jさんは「う〜ん」と唸りつつ、言葉を継いだ。

「まあ、そうかもしれないけど、どんな街に行っても、歳を取ってからの赴任は居心地がよくないことが多いらしい。うまくいかない人は、支社生活を満喫している同世代とは話が合わなくなって孤独感を深めていくみたいでね」

Cさんも、何となくその感覚は想像がつく。

「あとは、体の不調も結構多いんだよね。単身で食生活が乱れるケースは前からあったけど、メンタルの不調を訴える50代も増えているそうだ」

会社のために一生懸命に働いてきたのに、最後の数年で「着地」に失敗するのはあまりにもせつない。Jさんの話を聞いているうちに、Cさんは自分のするべきことが見えてきたような気がした。

## ミドル世代の「働きがい」とは

本社に戻る前に行われた人事担当役員との面談に臨む時点で、Cさんの意思はハッキリしていた。社員のキャリア構築、特に今まで個人任せになっていたミドル層を主な対象とする「再構築プラン」を支援してみたいと思ったのだ。

ちょうど、全社を挙げた「働き方改革」のプロジェクトが動き出そうとしていた。

メディアでは、「ワーク・ライフ・バランス」や「ダイバーシティ」といった横文字が躍る昨今だが、Ｃさんの問題意識はシンプルだ。「ミドルの働きがい」を考えて、何らかの施策を打つことだ。

人事担当役員には問題意識を理解してもらった。ただ、「あまり慌てないでいいから」とも言われた。会社としての最優先は「子育て世代のバックアップ」と言われたし、ミドルに対する施策まで予算は用意されていないようだった。

「それでもいい」、とＣさんは割り切った。

まずはじっくり研究してみたい。Ｃさんのアタマに引っかかっていたのは、Ｊさんから聞いた「自分を緩ませる」という話だった。それができる人とできない人がいる。なぜだろう？「個々人の才覚の違い」で片づけていいのか。

そもそも、組織としても「全体を緩ませる」ことがあっていいのではないか。単純に仕事量を減らすということではなく、仕事の目的やスタイルを再構築した結果として、そうなるという意味ならば……。

そんな疑問を抱えつつ、Ｃさんの会社生活における最後のキャリアはスタートした。

## 「自分事」として考える

ミドル世代の多くはキャリアのゴールに向けて、自分を上手に〝着地〟させていくことが求められる。役職や賃金で報われるとは限らないステージでは、「心の持ち方」次第で、その人の幸福度は大きく変わっていく。

まず一息入れて、これまでのがむしゃらに働いてきた自分を「緩ませること」を意識してみるといい。いきなり「枯れる」というのは花を諦めることになるが、それよりも「小さな花」を咲かしていく感覚だろうか。

次のキャリアに向けて再出発を切るには、改めて冷静な自己分析が必要になるが、異動などの環境変化を「いいきっかけ」にすることもできるはずだ。

# 「会社での自分」を再定義できるか

＊

## 「時間」と「空間」に〝緩み〟を作る

前回からの続きでCさんの話をする。

定年まで5年を切ったCさんが、最後に取り組むことになったのは「ミドルの働きがい」を向上させるための施策づくりだった。

50歳を目前に地方に転勤したCさんは、幸運にも生活の再構築ができた。その一方で、同世代の中には自分の居場所を失って空回りしてしまう人も多い。

会社員としてのゴールがある程度見えて、役職や給与で自分を満足させるのが難しくなってくる年代で大切なのは、これまでの働き方を見つめ直し、これからの役割を考えることだ。

そんな中で重要になってくるテーマは「自分の緩ませ方」ではないか。

「自分を緩ませる」とは何か。

どうすればそれができるのか。

そんな疑問を胸に、Cさんは資料を調べ始めた。「ミドル」や「50代」をテーマにした調査となると、内容的に暗いものが多い。そうした中で目に留まったのが、労働政策研究・研修機構の調査資料だった。

## 少し持ち直す50代後半

「成人キャリア発達に関する調査研究」という2010年の報告書で、副題は「50代就業者が振り返るキャリア形成」となっている。その中でも気になったのが、「ライフライン法」による調査結果だった。

これは、自分のキャリアを振り返り、その浮き沈みをグラフで自由に書いてもらうという調査である。

上下の波について、明確な基準があるわけではないし、人によって傾向は異なる。

しかし、全体を集計したグラフを見てCさんは唸った。

「たしかに自分も、30代が一番良かったな」

グラフを見ると30代前半がピークで、40代後半から50代前半に向かって落ち込んでいた。学校を卒業して間もない時期は仕事にも不慣れだが、そこから段々とギアチェンジをしていき、30代になると手ごたえを感じられるようになる人が多いということなのだろう。

この調査には、少々意外と思われる点が一つある。

50代後半は、50代前半に比べると、少しではあるものの持ち直すのだ。

50代になって、「自分を緩める」ことに成功し、それまでとは別の視点で新たなやりがいを見出せる人が一定割合いるということなのかもしれない。

「あの頃が一番良かった」

このような〝思い〟を払拭するのは難しい。ただ、それを前提にしながらも、会社員生活の幕引きを前に新たな充実感を得ることもできるはずだ。そうCさんは改めて確信した。

## 様々な〝緩め方〟がある

次にCさんがしたのは、60歳前後の人への取材だった。

社内でつてを探るだけではなく、社外の勉強会にも出席して聞き回った。

「あの会社の〇〇さんは毎日を楽しんでいるように見えるよ」

そんな噂を頼りに取材を頼むと、想像以上に話を聞かせてくれる人がいた。会ってくれる人の多くは、ミドル以降のキャリアと上手に折り合いをつけた人たちだった。

ある人は、学生時代から野球をやっていて、今は地元の少年野球のサポートをしていた。「週末に子どもたちの野球を見ているだけで十分楽しいよ。コーチから審判になり、50歳くらいからはもっぱら『世話役』になったけどね」とにこやかに語る。

「猫ボランティア」に取り組んでいるという女性にも会った。「一頭でも多くの猫を救う」という会だけれど、一定の距離感を保って関わるようにしているという。

「まあ、すべての猫を救うなんてできないから」。寄附など、自分でできることだけはきちんとする。後は、気の合った「猫仲間」と会っておしゃべりをするだけだが、それで十分だそうだ。聞けば彼女は、定年間際まで要職に就いていたようだが、会の運営には関わらない。

「妙なことで主導権争いが起きるから、会社よりややこしいんですよ」

いろいろな人の話を聞いてCさんは感じた。プライベートを楽しめる人は、恐らく「自分の緩め方」もうまい。きっと、会社でもキャリアの終盤を上手に〝着地〟させたのだろう。では、緩められない人は、なぜできないのか。それは会社の外にまで、「会社での自分」を持ち込んでいるからではないか。

## 「会社での自分」を外で出さない

会社で長い年月を過ごすと、仕事以外の場においても、「会社での自分」をベースに振る舞うようになることが多い。特に相応の役職に就いていた人であればあるほど、周りが自分を認め、承認欲求が満たされるのは当たり前と考える。そしてその心地よい世界でのルールを、社外でも適用しようとする。

「普通の会社ならこんなやり方はしない」

プライベートの世界では会社とは異なるコミュニケーションを求めている人も多いのに、こんなことを言われたら、そりゃ興醒めだろうなとCさんは思った。

実際、ボランティア団体などでも敬遠される人は、「会社での自分」の延長線上で振る舞う人だという。

ただし、「会社での自分」は、キャリアによって変容する。50代ともなれば、多くの人が要職や最前線から外れていく。必然的に承認欲求が満たされる機会は減る。にもかかわらず、「ピーク時における〝会社での自分〟」をベースに行動してしまいがちなところに難しさがある。

では、「会社での自分」という過去をひきずった自己認識を再定義するには、どうすればいいのか。そこには、2つの切り口があるとCさんは感じた。

1つは「時間」だ。会社で過ごす時間をジワジワと減らしながら、自らを緩め、客観視するための自分の時間を取り戻していく。それは「ヒマになってから」と後回しにするのではなく、意識的に取り組むべきなのだろう。

Ｃさんのある同期は、課長の頃からできる限り自分の時間を作るようにしていた。他の課長は、部下に任せれば済む仕事まで一緒になってこなし、夜も親身につき合っていたりしたが、それは「単なる寂しがり屋」じゃないかと割り切った。そのやり方で業績が落ちることもなく、結局部長にまでなったが、以降も相変わらずマイペースだった。

「役員なんかになったら、面倒なだけだったからな」

その言葉は、何の負け惜しみにも聞こえなかった。

２つ目は「空間」だ。会社と自宅以外に「自分を緩めるための場所」を持っておく。行きつけの店でも、母校の図書館などでもいいだろう。ヒアリングに応じてくれたある人は、自宅近くの飲食店で交遊の輪が広がったので、いち早く定年後の「地元デビュー」ができたと話していた。

そうやって、時間と空間に「緩み」を作れば、「会社での自分」をうまく再定義できるようになるだろう。

## 大人の自己啓発「サバティカル休暇」を

「個としての自分」を再構築すること、いわば「真の自立」をするためには、会社以外の仲間を求めるのもいいが、まずは自分自身と向き合うことではないだろうか。

Cさんがまず思い浮かんだのは「まとまった休暇」だ。だが、それでは「自分の再構築」につながらないかもしれない。ここは少し違う工夫がしたい。

そこで思い浮かんだのが「サバティカル休暇」という制度だ。取材の中で大学の講師を務める人に聞いたのだが、「自分で使い道を決める休暇」のことらしい。海外での例だと、長ければ1年になることもあるそうだ。

会社の事情を考えれば、そんなに長い休日は無理だろう。であれば1カ月、あるいは1週間でもいい。ただし、「自分のことを考える」ための時間として、会社には予定を出してもらう。何をするかは自由だが、休暇後にはレポートを書いてもらう。いわば「大人の自己啓発」だ。これは40代から始めた方がいいとCさんは感じた。

こうしてCさんは「ミドルの働きがい支援」をテーマに社内提案書をまとめていっ

た。そして、核になる企画が完成した。

「ミドルのためのサバティカル休暇　～時間・空間・人間関係の冗長性を発見するために」と題した提案書は、会社から好意的に受け止められた。だが、肝心のサバティカル休暇は「預かり」となった。

上層部でも相当な議論になったそうだが、「40代から」というのは早期退職をイメージさせかねず、誤った受け止められ方をするのではないかという話になったらしい。とはいえ「50代になってからでは遅いだろう」という意見も出て、決着がつかなかったようだ。

なお、提案書のタイトルにある「冗長性」とは、システム設計の世界などで使われる言葉だ。設計の際に必要最低限のものに加えて余分や重複がある状態を指し、それによりシステムの機能は安定するという。

Cさんは、下された判断を全く悔しがってはいない。趣旨は十分に理解されたと感じたからだ。

種は撒いた。後は育つのをサポートしつつ、刈取りの時期を待つだけだ。

## 「自分事」として考える

人は様々な人間関係の中に生きながら、自分自身を構築している。ところが、会社生活が長くなると「会社での自分」が、知らぬ間に肥大化してしまう。そうなると、どんな時でも会社の延長線上で振る舞ってしまうようになる。

では、自分のキャリアを「一旦着地させるメド」はどのように考えればいいのだろう。

それは「50歳」が一つの目安になりそうだ。その時に「真の自立」ができるかどうか? それが40代から問われているのである。

「時間」と「空間」を緩ませるためにも、40代のうちから、「サバティカル休暇」のような発想を取り入れて、自分を見つめ直す機会を作っていってはどうだろうか。

# 帰国したら“敗戦処理係”に

＊

## 「会社を見捨てる」選択を真剣に考える

「グローバル」という言葉が一般的になったのはいつ頃からだろうか。

冷戦構造が崩壊して、「1つの世界」という意識が高まり、インターネットの普及が進んだ90年代後半が節目だったのかもしれない。

Pさんは「グローバル時代」の少し前に社会人になった。入社したのは都市部を中心に展開するファッションや雑貨に強い流通企業だった。流行の先端を走り、世界中の商品を扱っているのでイメージは華やかだ。

しかし、実際にはデベロッパーとの地道なテナント交渉などがビジネスの核である。ドメスティック企業の典型なのだ。

## 「グローバル人材」として海外へ

Pさんはそうしたことを知ったうえで入社していたし、日常の仕事にも大きな不満はなかった。バブル期を過ぎたとはいえ、知恵を絞れば店頭を賑わせることもできた。ユニークなプロモーションに挑戦して成果も上げていた。

そんな中、会社でも「グローバル」の掛け声がどこからともなく強まってきた。ネット通販が注目されてきて、新しい分野への進出も準備が始まっていった。

とはいえ、国内中心の企業だ。英語にしても堪能な人は少ない。海外からの購買を担当するバイヤーは一握りの専門集団で、彼らは社内でも一目置かれる存在だった。

そうなるとグローバルに業容を拡大するには、そうした人材を育成することになる。Pさんはそうした候補者の一人になった。もともと大学時代に交換留学で米国に滞在していたこともあり、同世代の中では比較的英語ができた。

そんなPさんの語学テストのスコアに目をつけた人事部は、彼に語学研修を受けさせた後、海外展開の担当にした。主な任務は当時急成長していたアジア地域への出店を計画すること。Pさんは何度も現地と日本を往復して、30代半ばで現地に赴任することになった。

会社には同じようなキャリアをたどった「グローバル人材」の仲間たちが他にもいた。しかし、Pさんを含めてその後の道のりには波乱が多かった。

**帰国して「敗戦処理係」に**

会社にとっては今までに例のない海外進出だった。すぐに利益が上がるとは想定していなかったが、日本国内の景気の悪化で業績が低迷すると、ジワジワと焦りが広がってきた。利益に貢献しない海外事業がどことなく「お荷物」と見られるようになってきたのである。

それでもPさんの担当しているエリアは最も有望と見られていたし、実施したイベントがメディアで話題になることもあった。しかしようやく先行きが見えた頃に帰国辞令が出た。本社勤務だ。

Pさんとしては「凱旋帰国」とまではいかないにせよ、十分に胸を張って帰ってきたつもりだった。ところが、どうも社内の雰囲気は違う。皆「大変だったね」と言ってくれるが、現地の話などには関心がない。

会社の業績がよくないことはもちろんわかっていた。しかし、本社の同僚たちは想像以上にビクビクしており、自分の心配で精いっぱいという感じだった。

やがて、大幅な人員削減や店舗の整理などのリストラ策が発表されて、海外事業も見直しとなり、先行きは不透明になった。

Pさんは「グローバル統括室」という部署にいたが、そこでいわば「敗戦処理」のような仕事に追われた。

ともに苦労した海外組は、早期退職などで1人2人と会社を去っていった。海外でそれなりの仕事をしてきたのだから、さほどの実力がない者でも、他社からは結構誘いがあると聞く。

実際、Pさんのところにもいくつかの企業から声がかかった。だが、条件は魅力的でもなかなか決断できない日々が続いた。

## あるセミナーがきっかけに

そんなある日、Ｐさんは社外セミナーに参加する機会があった。テーマは「グローバル人材と組織」。ただし、各社の事例などを聞いていても、どこか気は重い。Ｐさんの会社では撤退後の反転の道が見えないのだ。

セミナーではある大学のＺ教授の講演が始まった。老舗のメーカーから、経営学の先生に転じた人だ。話は具体的でわかりやすい。

Ｚ教授は声を強めながら語る。

「グローバル戦略を掲げながら、結果的に失敗に終わる企業は少なくない。問題の核心は、どこにあるのか？　そもそも、『グローバル人材』という発想自体が少し違うと思うんです」

Ｚ教授はさらに続ける。

「グローバル化に遅れまいとした企業は、どこもまず『グローバル人材』を育成することに躍起になる。しかし、いざ準備ができて海外に行った後は任せっぱなし。そもそも経営陣がグローバルの本質を理解していない」

Pさんは、心の中で静かにうなずいた。

## 「グローバル人材」とおだてあげ、後は任せきり

「グローバル化とは、日本を起点にしてビジネスを考えるのではなく、地球規模で広くビジネスを考えるということ。会社が本気でグローバル化を目指すのであれば、企業全体がグローバルな考え方をしなければなりません。

つまり、日本にいる社員を含めて全社員がグローバルな視点を持つべきです。いきなりは無理かもしれませんが、誰もがスタンバイできるように企業自体が人材教育の発想を変えなければならない。

なのに、一部の社員を『グローバル人材』とおだてあげて、結局は海外事業を任せきり。果ては、あちらこちらのトラブル処理で重宝がっているだけの会社もある。これでは、グローバル企業になるのは不可能です」

Z教授はさらに成功事例のケースを挙げて熱弁をふるった。Pさんの漠然とした思

いはようやくアタマの中で形になってきていた。

その後、Pさんが転職を決めるまでには、さほどの時間を要さなかった。転じた先は今までとは全く異なるB to Bの製造業だったが、そこはまさに「グローバル」だった。東京のオフィスにもいろいろな国の社員が多い。英語を話すことも普通だが、片言の日本語も飛び交う。こういう会社ではそもそも「グローバル」という言葉がほとんど聞かれないことにPさんは気づいた。

## 「会社を見捨てる」決断

「それにしても……」とPさんは自問する。なぜ、自分は転職を決断するのに時間がかかったのだろうか？

会社は一定の評価をしてくれた。いまは苦しいけど「次に海外に出ていく時は任せる」とも言ってくれた。それはうそではないだろう。

しかし、現実的には可能性が低いことは、誰もがわかっていた。会社を去るということは、Pさんがそれを認めたのと同じことになる。

入りたかった会社に入って一生懸命頑張ってきた。スポットライトを浴びたこともあった。それなのに、自分が選んで入って会社に幻滅したことを認めたらどうなるか。それは、これまでの自分に幻滅する行為ではないか？　そんな迷いが拭いきれなかった。

だが、たまたま足を運んだセミナーで聞いた話で踏ん切りがついた。それは、「自分自身への幻滅」ではなかった。「会社に幻滅」していたのだ。

やがてPさんは、転職先で前職でのコミュニケーション力やプレス対応などの経験を買われ、広報担当の仕事をすることになった。

そして、あのZ教授と再会する機会を得た。「成功例」の企業として取材をしたいということで、Pさんが窓口になったからだ。

会社の応接室で一通りの段取りの話をした後に、Pさんは前職の社名を挙げて、あの時のセミナーに出席していたと話した。

Z教授は「そうでしたか」と大きな声をあげて、人懐こい笑顔でこう言った。

「いろいろとお考えになられたでしょう。いや、よかったんじゃないですか」

たくさんの企業の実情を知っているだけに、転職の理由を察したようだ。そして、こんなことを言った。

「いや、僕も会社員時代、ＭＢＡ取得のためにアメリカに派遣されたんですけど、戻ってきてからは想像以上にいろんな波がありましてね。でも、転職となるとそうそう決断はできないものですよ」

Ｐさんは思い当たることがあった。Ｚ教授の在籍していた会社は、ちょうどその頃に経営を巡っていわゆる「お家騒動」が起きていた。優秀な方だけに、渦中に巻き込まれたのかもしれない。

「でも、僕はね、思い切って飛び出してよかったですよ。『人生は一度』という当たり前のことを、あれほど考えた時期はなかったですね」

「よく、わかります」と言いかけてＰさんは言葉を飲み込んだ。その代わりに「はい、今でも考えています」と心の中でつぶやいた。

## 「自分事」として考える

会社でいくら努力して個人的な成果を上げても、経営自体が荒波に巻き込まれて「納得できない処遇」を受けることは誰にでも起こり得る。

そこで、考えるべきことは1つ。「自分と会社はそもそも、互いに独立した存在ではないか?」という単純な問いだ。それは、はたから見れば当然のことかもしれないが、「一体化」してしまっている人も相当に多い。

そういう人は、「会社への否定」が「自分への否定」のようになっているようだ。

しかし、人生は一度きり。その当たり前のことを、会社生活の岐路では、もう一度自問するべきだと思う。

# 独立しても、やっていけるはず

＊

## “今”を基準にして過信しない

　この7年余りは何だったのだろう。間もなく50歳になるデザイナーのRさんは起伏の激しかったその期間を複雑な思いで振り返る。

　彼は大手広告会社のデザイナーだった。そして40歳を過ぎて独立した後、紆余曲折を経て、今はとあるデザイン会社でデザイナーの仕事をしている。運と実力、そして様々な「社会の波」が実に複雑に絡まり合ったその道程は、働き手としての自分を正しく認識するうえで必要な通過儀礼だったのかもしれない。

　独立のきっかけはあの金融危機に続く大不況、いわゆる「リーマンショック」

が起きたことだった。あらゆる業界の企業が広告費を削減したために、広告業界も未経験の大逆風を受けた。

しかし、Rさんにとっては追い風だった。彼は同年代のデザイナーの中ではいち早くデジタル分野に目をつけていた。新聞広告や雑誌広告が急減する中で頼られる人材だったのである。

Rさんは「できるデザイナー」と言われていた。しかし、「うまいデザイナー」とはあまり言われない。

ブティックに掲げられるようなアーティスティックなポスターではなく、クライアントの要望に応えて様々な広告を作ってきた。時には、みんながやりたがらないスーパーマーケットの売り場におく販促物などにも丁寧に取り組んだ。

同僚が昔ながらの広告作りに固執する中、いち早くインターネットの勉強もした。「あんなのアートじゃないよ」という陰口も耳に入ったが、気にしなかった。

社内でも「これからはデジタルの勉強をしろ」という号令がかかる。40歳を過ぎて「さっぱりわからないよ」と愚痴をこぼす同僚のクリエイターを尻目に、Rさんのところにはどんどん仕事が舞い込んできた。

そんな追い風の中、Rさんは独立することを決めた。それは、ようやく金融危機に続く嵐が一段落した頃だった。

## 独立後、出足は好調も……

周囲は独立に際して祝福してくれた。人が嫌がるような仕事も引き受けてきたRさんは、営業スタッフからしても重宝な存在だったのだ。独立したRさんに、広告主からの依頼を「丸投げ」することもできると喜んでいた。

インターネット関連については同年代の営業でも苦手な者が多かったが、Rさんであれば、そのあたりのことも忖度して対応してくれる安心感があった。

Rさんはそんな発注も見越して、勤めていた会社の近くに事務所を設けてアシスタントも雇った。その予想は当たり、最初の1年は順調すぎるほどの船出となった。慌ててアシスタントを増やしても追いつかないほどだった。

Rさんの仕事に「異変」が起きたのは、独立して3年目になる頃だった。発注される仕事の内容が、段々と自分の経験でカバーしきれなくなってきたのだ。

理由の1つはスマートフォンの普及だった。今では当たり前のようになっているが、「スマホ対応」のサイトが求められるようになってくる。今までの延長線で対応できる部分もあれば、一から考え直す必要もあった。

Rさんはパソコンのブラウザー上で美しく実用的なデザインを作ることにおいては、評価が高い。しかし、スマホに対応したデザインにはなかなか馴染めなかった。いくつかの案を出しても、広告主がなかなか首を縦に振らない。むしろ若いアシスタントが考えたデザインの方がスッと通ったりする。広告主の会社でもスマホ関連業務は、若いスタッフが担当を任されているようだった。

スマホを使いこなしている者同士の方が話が早い。間に入っている古巣の営業も「もうわからないんだよ」と愚痴をこぼすようになっていった。

かつて新聞や雑誌広告に執着していた同僚を見ていたRさんは、時代に取り残される恐ろしさを知っていた。しかし、気がつくと自分もまさに危うい位置にいたのだ。

そんな中、他でも問題が起き始めていた。

## 「前の職場」からの発注が止まる

Rさんはいわゆる「ネットキャンペーン」の仕事も請け負っていた。企業のサイト上から懸賞などに応募したり、写真や動画を投稿してもらったりする販促活動だ。一方で個人情報に対する規制が厳しくなり、ネット上の安全についても配慮を求められる状況となった。

それに伴い、サイト制作のハードルもどんどん上がっていった。作業工程では様々な人が関わるようになり、納品までの検証作業にも時間がかかる。Rさんの知識も追いつかなくなってきて、対応が後手に回ることが増えてきた。

そんな時に、大きな転機となる出来事があった。

独立以来長いこと仕事をつないでくれていた前の職場の営業マンが、相次いで現場を離れていったのだ。そして、古巣からの発注がついに止まった。

考えてみると、彼らはRさんよりやや若いがそれでも40代だった。会社としても若返りを図りたくなるのだろう。中には、故郷に戻って実家の家業を継ぐといって退職した者もいた。

気がついてみると、Rさんの事務所の売り上げは来期のメドが全く立たなくなっていた。古巣からの仕事で十分回っていたため、新規得意先の開拓を怠っていたのも痛かった。

若いアシスタントたちは、こちらから言う前に転職先を見つけて去っていった。そして、ついにRさんも腹を決めた。会社を畳む決断をしたのだ。

こうして、わずか数年間の「自分の城」はあっさりと陥落した。

その後、Rさんはいろいろな伝手をたどって中堅のデザイン会社に雇ってもらえた。再就職して真っ先に仕事をくれたのは、会社員時代に競合だった広告会社の営業だった。

「ずっとお願いしたかったんですけど、なかなか隙がなくて」と苦笑いされたが、悪い気はしない。古巣の会社とのつながりが切れないので、頼めなかったのだという。

Rさんも雇われの身になったので気持ちに余裕ができた。改めて最新の技術を学び、いろいろなセミナーにも通って流行にキャッチアップすることができた。しかし、再び独立しようという気持ちは全くない。

## 「3つの過信」が原因

Rさんは独立が失敗したのは「3つの過信」があったからと語る。

1つは「技術知識に対する過信」だ。自分が最先端を知っていると思っていたデジタル分野は想像以上の加速が起きていた。そのスピードを甘く見ていたのだ。

2つ目は「センスに対する過信」だ。スマートフォンが中心になろうとしていても、自分のデザインセンスに対するこだわりを変えきれなかった。そのために提案内容が古く見られて、広告主との信頼関係が徐々に弱まっていった。

3つ目は「営業ルートに対する過信」だ。古巣からの発注を受けていれば、自分自身で頭を下げて営業する必要はない。そのため「そろそろ動かねば」という時には、すっかり出遅れていた。

結局はすべて「自分自身への過信」が引き起こした失敗だった。それでも傷が深くならないうちに「店仕舞い」できたのは、まだ嗅覚が残っていたからかもしれない。

## 「自分事」として考える

会社を辞めて独立する。そんなことを将来のプランに描いている人は結構多い。かつては、若いうちの起業が注目されたが、近年ではミドル層の挑戦も出てきた。「人生100年時代」と言われ、経験豊かな人々への期待は高まっている。

しかし、「経験の量」と反比例するように視野が狭くなることも多い。「自信」が「過信」となれば、場合によっては取り返しのつかないような失敗をする。

そうならないためにも、自分自身をできるだけ客観的に見る「ものさし」を持ち、また第三者から評価を受ける習慣を続けることが、独立していくうえでは欠かせない。

将来に向けて独り立ちを考えている人には、じっくりと準備されることをお勧めする。

# 第4章　出世は運か実力か

# 「派閥」に入ったために……

＊

## 「同調圧力」にタフになる

Ｉさんは数年前、社内のパワーゲームに巻き込まれた。勤めている企業は建材を扱う大手企業で、主な取引先はゼネコンだ。Ｉさんは入社以来ずっと営業畑である。

課長になった40代前半の頃、営業本部長にＫ常務が就任した。交渉力に定評があり、面倒見もよい。まあ、順当な人事だと多くの人は思った。

ただし、Ｋ常務のビジネススタイルはかなり古典的だった。人間関係がモノを言う仕事なので、接待などの交際も重要になる。その辺りについて「ちょっとやり過ぎているのではないか？」という声が一部にあった。

とはいえ、当時の業績は比較的上向きだったこともあり、K常務をみんなで盛り上げようという流れだった。その一環で社内のゴルフコンペ「K杯」が開催され、Kさんを囲んだ夜の飲み会もしばしば開かれるようになっていった。

Iさんは滅私奉公の気質ではない。できれば、自分の時間を持ちたいと思うのだが、それを言える雰囲気でもない。

「だって、みんな来るんだよ」と言われて、「まあ仕方ないか」と考えて参加していた。Iさんにとって〝K派閥〟に加わることは必然のように思えたからだ。

そんな日々が続いたある時、「事件」は起きた。

## 「派閥のトップ」が失脚

きっかけは税務調査だった。毎年行われている査察で「不自然なカネの流れ」が指摘された。Iさんの同僚だった課長が不正を行っていたという。裏金作りである。

だが、カネは私的に使ったわけではなかった。K常務がらみの交際費が膨張していく中で、仕方なしにやってしまったという側面があった。

そこにかねてから疑問を持っていた社内の一部が、K常務一派の糾弾を始めたのだ。営業費用をどう工面するかという問題は昔からあった。現場の最前線にいれば、「実弾が足りない」となることもよくある。だが、放っておけば「際限がなくなる」話なのだ。

コンプライアンスの面からも「カネの動き」の管理は年々厳しくなっていた。だが、K常務の就任後は相当な「イケイケ」になっていた。管理部門からすれば、かなり苛立っていたはずだ。

この件をきっかけにK常務は本部長の役職を解かれる。社内は大騒ぎだ。失脚だの粛清だの、嫌な響きの言葉が陰で飛び交う。K常務に近いと見られていた人ほど、露骨に要職から外されていった。

Iさんも、営業のライン職から外れた。K常務とはそれほど密接な関わり方をしていなかったが、やはりはたから見れば「Kグループ」に見られたのだろう。

その後、社内は落ち着きを取り戻し、Iさんはしばらくしてまた営業職に戻った。

ただし、「あの事件」がなければ、と今でも思うことがある。出世を考えると、やはり遠回りになってしまったからだ。

## 同僚が派閥に入らなかった理由

「騒動」をきっかけにして、その後頭角を現した者もいた。Ｉさんの一期下のＪさんだ。もともと仕事はしっかりこなしていたが、営業にしては珍しくマイペースを守っていた。それが結果的に、「Ｋ常務から距離を置いている」と見られたのだ。

Ｊさんについて印象的だったのは、あのゴルフコンペ「Ｋ杯」に参加しなかったことだ。Ｊさんはゴルフができたのにコンペには来なかった。

Ｊさんはコンペの不参加を気にしてなのか、次第に仕事以外でのＫ常務との付き合いが疎遠になっていった。果たしてＪさんは何らかの意図があって、ゴルフコンペを断っていたのだろうか？　最近になって、ようやくそのことを訪ねる機会があった。

「あれはですね……」とＪさんは話し始めた。

それによると、別に意図があってのことではなかったという。

実はその頃、Jさんの義父の体調がすぐれず、いろいろと慌ただしかった。コンペの申し込みをしなくてはと思っていたものの、気がついたら締め切りを過ぎていたという。熟慮を重ねたうえでの判断ではなく、〝たまたま〟の出来事だったという。

「K常務やみんなと少し距離ができたら、いろいろ見えてくるものがあって……」

距離を置いて状況を見たら、K常務にもその周囲の動きにもハラハラし通しだったという。そして、社内の一部から危惧する声が上がってきたことも、Jさんは知っていた。Iさんのように、神輿を担いでいた人たちには全く見えていなかったものが見えていたのだ。

## 「同調圧力」が目を曇らせていた

さて、企業社会においてはIさんのように振る舞う人の方がむしろ多数派だし、ある意味当たり前の行動かもしれない。派閥への加入は「みんなそうするから」と言われると断りにくいものだ。

これは「同調圧力」という言葉で説明されることが多い。自分が集団の中で異なる意見を持っていても、周りが同じ意見を持っているとそちらに流れてしまう。そうした目に見えない力である。「場の空気」と言ってもいいかもしれない。

Ｉさんはこうした同調圧力に弱かった。Ｊさんは結果的に派閥に入らなかったが、単に運がよかったとも言える。それだけ「派閥への加入」は逃れるのが難しい。

ただ一方で、たとえ同調しなくても自分が思うような大きなデメリットが生じるとは限らない。むしろ同調する方がダメージが大きくなる可能性を秘めている。

その後、役職を離れてグループ会社に行ったＫ氏は、「あの頃」を回想して短くこう言った。

「実は毎日不安だった。『ほどほどにしとけ』と言おうとしても、皆の勢いを見ると、自分が止めちゃいけないような気がして……」

実は同調圧力にさらされていたのは、ほかならぬＫ氏だったのだ。この手の「圧力」は上から下にかかるものとは限らない。組織全体にギュッとかかってくる、いわば気圧のようなものである。

## 同調圧力にタフな人の共通点

「同調圧力」に対して強くなる方法はあるか。

難しいテーマだが「タフな人」には共通点もある。それは「複眼で周りを見ている」ということだ。

例えば、視野を広げるためにいろいろと勉強している人ほど、「組織の常識」を疑う直感を持っている。本を読むのはもちろん、勉強会に参加して、他社の人との交流を持ったり、友人と会ったりすることも大切だろう。

様々な機会で「複眼」は磨かれる。また、「群れる人」をよく観察すれば見えてくることもある。

「日本の社会において同調は仕方ない」と諦めてしまうのは間違いだ。自分の力次第で同調圧力をはじき返せることもあるはずだ。

## 「自分事」として考える

「みんな一緒だよね」という同調圧力は無数に存在しているが、実はそれほど気にする必要はない。気にする人は、何かに自信がなく、判断力を失いつつあるのではないか。そうした目でもう一度、日頃の行動を検証するといい。

ことにミドルに期待されているのは、「一歩距離を置いた客観性」のはず。居心地のいい「こしあん」のような集団社会からの脱却を一番求めているのは会社である。

また、「いざとなればこの会社でなくてもやっていける」という自信のある人は同調圧力をものともしない。そういう人ほど、今のビジネス社会では評価されていくのである。

# 出世は早かったが、先が見えない

＊

## 早熟ゆえの〝燃え尽き〟に注意

「そんなに魅力的な会社に見えるものか」。毎年、就活シーズンで多くの学生がやってくるとPさんは不思議な気分になる。

Pさんの勤めている会社は、いわゆる「ベンチャー」だ。いや、「ベンチャーだった」と言った方がいいかもしれない。社員数は既に1000人を遥かに超えている。メディアで話題になることも多く、学生からの人気も高い。

Pさんが新卒で入った頃は、まさに急成長の真っただ中だった。ただし、知名度はまだまだ低かった。老舗の大手からも内定をもらったけれど、思い切って今の会社に入った。

親を説得するのには苦労した。幸い父親の親友がこの分野に詳しかったこともあって、最後は納得してくれたし、今でも「いい選択をしたな」と言ってもらえるのはうれしく感じる。

**一息ついた今、将来が不安に**

しかしPさんは最近、どこかモヤモヤしている。

Pさんはもうすぐ40歳になる管理職。仕事は安定しているし、子どもも生まれた。はたから見れば順調そのものだ。ただ、「40代・50代の自分」が全く見えてこない。それが気持ち悪かった。

「この歳になれば、みんなそんなものなのかな?」。会社の同期もどうやら似たような感覚を持っているようだ。そもそも、Pさんの会社では40代以上の社員が少ない。人材の流動も激しいため、新卒組が40代を迎えるのは会社にとっても未知の領域だ。

そんな中でPさんは、大学時代から仲のいいQさんと久しぶりに会うことになった。学生時代の就活から苦楽を共にして、卒業後も連絡を絶やさない親友である。それでも、お互いに家庭を持つようになって会う機会が減った。

スマホの履歴を遡ったら、会うのは2年ぶりでちょっと驚く。「どうしてるのかな?」と、Pさんは会うのを楽しみにしていた。

## 若返って見えた老舗企業の同期

Qさんの就活の選択は、Pさんとは対照的だった。老舗のメーカーで、しかもBto Bの企業である。業務内容はしっかりしているが、華やかさからはほど遠いイメージだ。就活シーズンになると、新聞に大きな広告を出したり、時にはテレビCMを打ったりすることもあるが、それがちょっと唐突にも見える。

「あんな学生に媚びるようなことなどしなくてもいいのに」

Qさんは、よくそんなことを言っていた。でも、どこかうれしそうな様子を見て、なんだかんだ言っていても自分の会社が好きなんだな、とPさんは感じていた。

20代の頃は、お互いの仕事の話をするのがとても面白かった。あまりにも対照的だからだ。Ｐさんの会社は、「クールビズ」以前から服装は自由だし、フレックスタイムも当たり前で、自転車で通勤する同僚もいた。

一方のＱさんの会社は「タイムレコーダー」や独身寮の様々な掟があり、週末も会社の行事に駆り出される。Ｐさんには同じ国の会社とは思えなかった。

「オマエのところは、いいよなあ」。これまでこう漏らすのは、大概Ｑさんの方だった。Ｑさんの最初の配属は、東京から遠く離れた工場で、その後も地方の事業部だ。

Ｐさんはずっと東京の本社勤務である。たまに会う時も新幹線の終電を気にしているＱさんは、「ちょっと疲れたサラリーマン」に見えた。

そんなＱさんに久々に会って「あれ？」と驚いた。「若返っている」と感じたのだ。

## 「ここからが勝負」と聞いて

若返って見えた理由の一つは単純だった。ひところに比べて、Ｑさんはかなり減量したのだ。しかし、それだけではない。Ｑさんは、以前よりずっと仕事に対して前のめりで、生き生きとした顔つきになっていた。

あちらこちらの部署を経て、この1年ほどは本社の戦略部門に勤務しているという。希望通りの異動だったこともあり、張り切って仕事に取り組んだ。勉強しなければならないことも多く、朝早く起きて出勤前にカフェで本を読むようになった。さらに英語の勉強も始めた。

「やっと、スタートラインって感じだよ」とQさんは言う。

それまではどこに行っても、「下積み」的な仕事が多く、悩んだ時期もあったという。Qさんから見ると、Pさんの職場は華々しく見えた。20代の頃は、そんな華やかな職場に憧れて転職していった同僚も多かった。

「とにかく、ここからが勝負。もっと成長しないと」。そう言うQさんを見て、Pさんは驚いた。それって、自分が20代の頃、よく言っていたことではないか。

ただし、最近はあまり言わなくなった。OB訪問に来る学生が、「自分が成長できる環境で……」と言うのを聞いて、懐かしく思うくらいだ。

いつもはPさんが話して、Qさんが聞き役に回ることが多かったが、この日は逆だ。Qさんの話はとても新鮮で、仕事内容も企業戦略そのもので興味を引かれた。

「いろいろ古いなぁと思うこともあったけど、ウチの会社は〝懐が深い〟のかもしれないなあ」

Qさんの言い回しはいかにも日本的で古臭いものだが、Pさんはどこかわかる気がした。

## 転職サイトのアドバイザーに相談

Pさんは以前から転職サイトに登録していた。別にその気はなくても、とりあえずは登録して情報を得ていたし、同僚も大概はそうしていた。「自分の市場価値」を知るうえでも、半ば当たり前のことだった。

今までは送られてくる案件リストを眺めているだけのPさんだったが、初めて問い合わせをした。この転職仲介会社では、まずはアドバイザーと会うことになる。

求人をしている企業の中から、その時点での希望先を事前に伝えることになったが、Pさんは比較的歴史のあるメーカーを選択した。実は最近ではベンチャーから老舗企業への転職組が増えているという。自社で養成するよりも、キャリア採用の方が効率的という面もある。

実際に会ったアドバイザーは、想像していたよりも年配だった。最初から打ち解けた感じになり、Pさんは本音を交えながらいろいろな話をした。そして、別れ際にこんなことを言われた。

「いやぁ、まだまだ勉強して鍛えられてみたいんじゃないですか?」

Pさんはこの一言でハッとした。30歳そこそこでマネージャーとなり、今の会社では一人前として扱われる。ただし、そこはかとない不安や喪失感もあった。その正体が、何となくわかった気がした。

「もっともっと自分を鍛えたいんだ」

数年前には想像しなかった岐路に、自分が立っていることにPさんは気づいた。誰よりも先に登った山を一度下り、別の山を目指すことに気持ちは傾き始めている。

## 「自分事」として考える

「ベンチャー」と言われるような企業も、成長するほどに「大企業的」な空気になっていく。成長速度が速いほど、「早い老成」が目立ってくることもあるだろう。比較的若いうちから岐路に直面することになる。

大企業でも、スピード出世した人が同じような感覚になることは多い。「若くてしっかりしている社員」が内に抱えている不安は周囲に気づかれにくいものだ。

そうした社員の「いきなりの転職」で周囲が驚かされることもある。実力主義が広がり、若手の抜擢も増えてきた。マネジメント層にも、また新たな目配りが求められるだろう。

# 結局、「家康」が社長になったか

＊

## 「変わらない姿勢」が評価される

「やはり〝家康〟になったか……」

Xさんはひとり、深くうなずいた。既にリタイアして60代後半ではあるが、かつて働いた会社の今回の社長交代には、とりわけ感慨深いものがある。執行役員まで務めて、すべての役職を退いてからはまだ3年ほどだ。嫌でも、会社の情報はいろいろと入ってくる。そして、ここ最近は「次期社長」をめぐる話が、OBなどの間でも話題になっていた。

その会社は、産業材のB to Bを手掛ける伝統的な企業だった。Xさんは営業畑の出身で、今回の社長候補全員とキャリアの中で何らかのかかわりがあった。

そして誰ともなく、ほぼ同年代の有力候補3人を、「信長」「秀吉」「家康」と呼ぶようになっていた。

そして、今回社長になったのは「家康」だ。「信長」、「秀吉」との勝敗を分けたのはどこにあったのだろうか。Xさんには、「やはりあの時」という分かれ目が、クッキリと見える。そして、キャリアをめぐる3人のドラマを改めて思い起こした。

〈登場人物〉

**信長**　営業部門で頭角を現す。新規開拓に熱心でバブル崩壊後も成果を出す

**秀吉**　経理部から営業へ。支社の立て直しで注目。社長直轄部門で力を発揮

**家康**　支社営業から本社人事部へ。堅実な性格で社内調整役として重宝

「信長」は、営業部門で頭角を現した。

主に担当してきたのは、決して大きくない取引先や新規開拓だった。しかし、老舗の会社がバブル崩壊後にも成長できたのは、「信長」の功績といってもいいだろう。

歴史がある会社だけに、取引先にも古い体質の企業が多い。そして発注も先細る中で、「信長」は新たな鉱脈を掘り当てた。いささか強引なところがあるけれど、数字がついてくるだけにあまり文句は言えない。

ただし、部下からの評判は相当に割れていた。面倒見はいいし、慕う者は徹底的についていく。しかし、好き嫌いも激しいために、去っていく者も多かった。

「信長」は40代後半で役員になり、やがて営業部門統括に抜擢された。今の社長は技術畑だったこともあり、「次」の大本命と目された。

しかし、そこで「事件」が起きた。

## 信長の〝らしさ〟が奪われた

社にとって古くからの得意先、つまり「信長」とは比較的縁の遠い企業がクレームを入れてきたのだ。単純に言えば「うちは後回しにされているんじゃないか」という話である。

「信長」の開拓した伸び盛りの取引先への納入を、優先しているように思えたのだろう。しかし、それはもはや全社の方針でもあったのだ。

ところが、この話は予想外にこじれた。昔からの付き合いを守ろうとする古参の役員がいろいろと口をはさんでくる。

そして「信長」は、信長〝らしく〟なくあっさり折れた。しかも、自らが育てた得意先に出向くこともなく、社内調整で決着させたのだ。

これには、共に新規開拓に汗を流したかつての部下も反発した。

「信長」は既に、全社営業を統括する立場にあった。さらに「上」を意識した時点で、バランス感覚が働いたのだろう。しかし、この一件を境にして「信長」を見る周囲の目は変わった。専務に昇格したが人は前ほどついてこない。

「信長」はかつての勢いを失った。

一方で、「秀吉」のキャリアは少し変わっていた。もともと経理畑だったが、途中から営業に転じた。あまり目立たないタイプだったが、コツコツと結果を出していき、業績が頭打ちだったとある支社を立て直したことで注目された。

徹底的に無駄を見直した成果が買われて本社で役員に昇格し、経営企画室長になった。このポストもまた、トップへの有力なキャリアパスである。社長直轄の部門で気配りを見せる様子は、まさに「秀吉」のようだった。

ところが、「秀吉」はやがて社長からの不信を招くことになる。

## 情報を握った「秀吉」への不信感

当時の社内では、生産能力の増強が最大の課題だった。しかし、先行きが不透明な中で、単に工場の増設を行う投資はリスクが高い。そこで、他社との提携や合弁、あるいはM&Aなどが検討されていた。

そうした情報は、すべて「秀吉」の下に集まっており、それなりに「筋がいい」と感じた案件のみを社長に上げていた。

ところが、「秀吉」が見切った案件の情報が、社長の耳に入った。金融機関を通じての「また聞き」のようなものだったが、このことが社長には引っかかった。

「本当に大切な情報を上げているのか？」

一度生じた溝はなかなか埋まらない。それ以来、「秀吉」にもどこか停滞感が漂うようになった。そうした中で、社長は「次」への布石を着々と打っていた。

## 2人のつまずきの狭間で「家康」が大抜擢

2人が足踏みする中、「家康」は気がつくと彼らのすぐ背後に位置していた。新入社員では支社営業でスタートして、本社に戻ってからは人事畑も経験した「家康」だが、その後はグループ会社に出向していた。それなりに人望はあっても、派手さのないキャラクターだ。

50歳を前に、社長から呼び戻されて就いた役職は「営業企画室長」だった。社内調整が多く、あまりハッキリしない役どころではあるが、「信長」をけん制する狙いが社長にはあったようだ。

そして、「信長」絡みの一件の後で、「家康」の役割はずっしりと重くなった。営業戦略をめぐる社内調整を任されたのだ。さらにその後、「新規事業企画室」という組織が新設され、それも兼任した。

新規事業や投資案件についての判断は、「秀吉」の管掌から切り離された。結果的に、先行していた2人のつまずきを「家康」はしっかりと拾う形になったのだ。役員就任から2年で常務になり、そこから一気に社長に昇格。少し前までは、誰もが予想していなかったトップ人事だった。

## ゴール直前の「躊躇」や「勘違い」

Xさんは、そうした経緯をすべて思い起こした。そして、改めて思う。

「結局、ゴール直前で躊躇したり、勘違いしなかったりするやつがトップになる」

先行していたように思われた「信長」や「秀吉」はどうしてつまずいたのか。それは、「上」を意識しすぎたからだ。

現社長の在任期間は10年以上になる。しかし、権力に執着して居座っていたわけではない。厳しい環境で経営の舵取りを行い、金融危機や震災からの立ち直りに腐心する間に社長交代のタイミングを逸していた。そのために、信長と秀吉には「次は自分」という気持ちが強く働いたのだろう。

人事の発表からしばらく経って、Xさんは退任する社長の慰労会に出席した。苦楽を共にしたOBだけが集った気の置けない仲間たちの会だ。

話題の中心は、とりとめのない昔話だったが、ふと後任人事の話になった時に社長が一言口にした。

「いろんな仕事を任せてみたけど、あいつは変わらないいんだよ」

周りの者は、一瞬シンと静まり返って社長の言葉に耳を傾けた。

「部下にも威張らないし、納品先にも穏やかで、私にも冷静に話す。自分の意見はしっかりと持っているが、わからない時には必ず周りの意見も聞く。そういう〝当たり前〟ができるやつを待っていただけなんだが、意外と時間がかかってしまったな」

それ以降、後任についての話は出なかった。本物の徳川家康がどんな男だったのかわからないが、今度、家康が登場する小説でも読んでみようかと、Xさんは思った。

## 「自分事」として考える

会社員生活の勝利者に見える役員たちは、「戦いに勝ち続けた者」だ。しかし、「戦いに強い」人が、「統治に長ける」とは限らない。それは、歴史から学ぶこともできる。

統治に長けた人は、短期的な勝ち負けの先を見据えている。そして、どんなポジションであっても「変わらない自分」を大切にしているのだ。どのポジションにいても、自分を冷静に見続けるのは難しい。役員であっても揺らいでしまうことはある。まして、現場の管理職であれば社の方針に右往左往することもあるだろう。

時には冷静になって自問する習慣を忘れないようにしたい。

# 「ゴリ押し人事」の裏側

「何、あの人事？」

Sさんを営業部長に昇格させた人事が、社内に波紋を巻き起こした。人事部の30代のJ君は、同期の仲のいい友人から状況説明を強いる電話を受けた。その同期は仕事もできるし、常識をわきまえた人間だっただけにJ君は少し驚いた。しかし、できる社員だからこそ疑問だったのだろう。それほどに、「?・」のつく人事だった。

その時の人事は社長交代もなく、役員もあまり動きはなかった。比較的「無風」だったが、営業担当の役員が妙なことを言いだしたのだ。

「Sさんを部長にしたい」というのだ。

取引先別に何人もいる営業部長の一人に、と考えているようだが、誰もが「なぜ?」と思った。査定だけでいえば、もっと評価の高い者もいる。Sさんはコツコツと働く努力家ではあるが、課長としてはともかく「部長の器」という感じはしない。それは、若いJ君も感じていた。

「だから、ああいうヤツこそ部長にしたいんだよ。『あの人もなれるんだ』ってことで、ほら、周りのやる気が出るってこともあるじゃないか」

それが、役員の論理だった。わかったような、わからないような話だ。

後で判明したが、実はSさんは縁故入社だった。もう、四半世紀以上も前の話でもあるが、現在も大切な取引先のからみだ。そして、ゴリ押ししてきた役員は、新人採用の時も無理を言って取引先がらみの縁故入社を押し込んでくることで有名だった。

役員の意向にはある程度まで人事も対応するが、近年はもめることも多い。ゴリ押ししてきた役員は、J君の上司に当たる人事部長にとって「宿敵」でもあった。

「ようは採用の口利きが決して間違ってないって言いたいんだろ。そうやって自分の行動を正当化したいんだよ。通すならそれでもいいけど、後でどうなっても知らねえぞ」

人事部長は呆れたように語った。

Sさんの昇格は驚きをもって受け止められた。そういうわけで、J君も同期からいろいろと言われたのである。

しかし、一番居心地が悪かったのはSさんだろう。課長であれば問題なかったが、部長となると求められることが違う。取引先とトラブルになった時も右往左往して、ことを収めることができなかったという。

やはりSさんは「部長の器」ではなかったのだ。

Sさんは体調を崩して休むことも多くなり、2年後には関連会社に出向していった。同じ頃、くだんの役員も退任となった。

どんな企業でも「どうして？」と思ってしまうような人事はあるものだ。そして、その「真の理由」を知ってしまうと、驚いたり、がっかりしたりすることも多い。

しかし、真っ当な企業であれば、「無理筋」の人事は時間とともに淘汰されていく。いつまでも「道理が通らない」会社は危機を迎えるだろう。

人事の裏側では、想像もつかない力関係が働いていることがある。また事実とは大きく異なる単なる噂話が広がることも多い。

そうした渦からは一線を引いて、自分を見失わないようにしていきたい。

# 第5章　部下を育てる

# 自分の指導スタイルでいけるはずだ

＊

## 部下育成は「鬼」でも「仏」でもダメ

警察を舞台にしたテレビドラマは多いが、出てくるキャラクターは昔から変わっていないところがある。典型的なのは人に対して厳しい「鬼」タイプと、優しい「仏」タイプだろう。会社の中にもそうしたキャラクターは存在している。

営業課長のDさんとFさんは、そうした関係のよきライバルだ。2人が勤めている会社は飲食品を扱っていて、主に外食産業が得意先だ。景気に敏感で競争も激しい業界だから、得意先の製品購買もシビアである。

2人とも担当する得意先は比較的小規模の店が多く、売る側の営業も大変だ。

大口得意先よりも効率はよくないし、一生懸命頑張っても、格安の条件を提示してくる競合にさらわれることもある。

Dさんや F さんの大切な仕事は、こうした環境で頑張る部下たちのモチベーション維持が大半だと言ってもいい。

そして、Dさんは「鬼」として現場を引っ張ってきた。成績が上がらない者や士気の低いものには容赦がない。しかし、そこから頑張って成果を出した時には、飲みに連れて行って大いにねぎらう。

いかにも「古いタイプ」だとは自覚している。だが、Dさんだってむやみに叱っているわけではない。

## 叱った部下が休み勝ちに

「大切なのは潜在能力を伸ばすこと」

そのためには、誰もが持っているはずの「負けん気」に火をつけてやることだと信じている。しかし、それにはタイミングが大切だ。

たしかに、Dさんは計算して叱っている。意欲のある部下が頑張ったにもかかわらず、競争相手に負けた時など「最も悔しがっている時」にあえて叱るのだ。

その一方で、意欲のない部下には叱ることすらしない。そうした部下は自然と居場所がなくなるので、Dさんの下には意欲の高い者が自然と揃う。ただ、ここ最近はその方法にも、やや限界が見えてきた。

若手の社員がDさんの叱責に耐えられず、凹んでしまうことが起きるようになったのだ。出社拒否とまではいかないものの、胃の調子が悪いとか、頭痛が治らないとか、そんな理由で休みがちになる社員も出てきた。

Dさんは上司の信頼も厚いのだが、ここに来て「Dさんのチームの人材は、ある程度経験を積んだ社員の方がいい」という空気になって来た。

そして、今は30歳以上のメンバーが中心となっている。「まあ、精鋭部隊ってことだよ」と、Dさんは割り切るようになっていた。

Dさんと違った意味で、注目されていたのは一期下のFさんである。まさに「仏」

のFさんは、部下を叱ることがめったにない。遅刻のような凡ミスに対しても、「次はしっかりな」で済ませる。むしろ恐縮した部下はその後、シャキッとする。「見逃してくれたのだから、次からは絶対に迷惑はかけられない」

そんな心理になるようだから、優しいようでいて実はそれなりのプレッシャーをかけているとも言える。コントロールが上手なのだ。

そして、若い社員に対しては小さな成功でもしっかり褒める。「よくやった」と言うだけではなく、「もっとやれるだろ」という一押しも効くので、たしかに意欲は高まる。

仕事が終わっても、部下を誘って飲みに行くことは稀で、さっさと家に帰ってしまうFさんのスタイルも時代の流れに合っていた。「育て上手」という評価が高まり、新入社員の配属も「まずはFのところで」という空気になっていった。

Dさんと Fさんは意外にも仲がいい。20代の頃は同じ部にいて、苦労してきた仲だ。しかも、対照的な仕事の進め方をお互いに認め合っているところがある。

そうした関係があったからこそ、この後に起きた「事件」も大ごとにならずに、どうにか収束した。

## 「褒め言葉」が強いプレッシャーに

「事件」が発覚したのは、ある日の夜。人も少なくなった20時過ぎの職場だった。Dさんが帰ろうとした時に、ふとFさんの課の若い社員が目に留まった。

最近、めきめきと成果を上げている若手である。Fさんの「褒めて伸ばす」育成が当たったのだろう。

たまには、メシにでも誘ってみようか。もしダメなら別に構わないと思いつつ近くに寄っていったのだが、その時に妙な感じがした。パソコンの画面を見ながら、物思いにふけっている。何かの作業中というわけではない。「オイ」とDさんが声をかけると、びっくりしたようにこちらを向いた。

「最近どうだ?」。そんな風に声をかけたが、どうも表情が硬い。妙な雰囲気を察したDさんが、隣に腰をおろすとポツリポツリと話してくる。

そして、そのうちに「大変な悩み」を話し出した。

どんどん売り上げを伸ばしていると評判だった彼だが、段々とプレッシャーがきつくなっていたらしい。やがて「見込みの数字」の値を過剰に出すようになっていったという。

どうにか得意先にお願いして数字を作っていたが、さすがに先方にも限界がある。このままだと、過剰発注になる可能性もある。

事情を聞いたDさんは、すぐに状況を理解した。今ならまだどうにかなる。翌朝Fさんに話すことにして、彼を安心させてから帰宅した。

翌日の朝一番に、DさんがFさんをつかまえて事情を話した。

「そうですか……」

さすがに、Fさんも言葉が少ない。

もっとも、売り上げ競争の挙句に見込み発注をして大騒ぎになることは、以前にはよくあった。DさんやFさんも、若い頃には危ない橋を渡っていたし、いざとなったら、先輩たちが「引き受けてやるよ」とカバーしてくれる空気もあった。

ただし、最近は受発注管理も効率化しているし、予測のブレを最小限にするのがマネージャーの責任だ。何より、「売り上げのプレッシャー」を一番嫌っていたのはFさんだった。

「褒めて追い込むことも、あるんですね」と、つぶやくFさん。

ああ、今回の件で最も傷ついたのは、若手の彼ではなくFさんだろうな。

Dさんはそう感じた。

**「育成の原点」にあるもの**

この一件の後、FさんとDさんは以前にも増して相談し合う機会が増えた。

問題を抱えた若手が、たまたま声をかけたDさんにすべてを話したのだから、Fさんとしてはメンツが立たないはずだ。しかし、Dさんだからこそ話す気になったのだと思うし、それはDさんが醸し出す独特の空気感があったからだろう。

褒める〝だけ〟では限界があることを悟ったFさんだが、Dさんもまた「叱る」ことの効果が薄れていることを感じていた。この一件はDさんのマネジメントにも、好影響を与えたのだ。

「褒める」も「叱る」も、一時のコミュニケーション技法に過ぎない。長期の視点で部下の行動を観察して、客観的で説得力のある評価を行い、具体的な指針を見せること。それが、強みを伸ばすことにつながるだろう。

2人ともそうした「育成の原点」に返ることの大切さを実感したようだ。まだ手探り段階ではあるが、「とにかく部下と向き合って話す」ことを徹底するようになり、手応えを感じ始めている。

人材を育てるには一時の成果や失敗に対して「叱る／褒める」で対応するだけではいけない。

育成は長い目で計画して、状況に合わせて修正を続けることが求められる。

## 「自分事」として考える

「褒めて伸ばす」ということが盛んにもてはやされた時期があった。たしかに闇雲に叱るよりは能力を伸ばしやすい面もある。ただ、小さな子どもの意欲を引き出す手段と混同されたまま、大人の世界に持ち込まれたのではないだろうか。ビジネスの世界で一時のやる気の上下だけにこだわり過ぎると、本当に大切なことを見落とす危険性がある。

「叱るか、褒めるか」という技法上の議論よりも、長期的にモチベーションを維持する育成をしないと、具体的な成果につなげることは難しい。

人を育てるには、〝俗論〟に惑わされないことが大事だ。「自分の言葉で冷静に語り掛ける姿勢」が何よりも求められるだろう。

# 育児中の部下に負荷はかけられない

＊

## 〝変な遠慮〟はむしろ相手に失礼

職場に女性が少なく、ましてや管理職に女性がほとんどいない時代から、Mさんは自らキャリアを切り拓いていった。大学卒業以来、大手流通業の総合職として働き、現在は40代半ばでグループリーダーだ。

結婚もして家事をしながら子どもを育てた。できそうなことには、すべて挑戦してきた。それでも、我慢したことはたくさんある。

自分のための時間はほとんどない。子どもが中学に入ったら少しは楽になるかと思ったら、今度は仕事が忙しくなる。夫と2人の時間もあまりない。

同世代の女友達が「誕生日に久しぶり夫婦でレストラン」といってSNSに写真を載せているのを見ると、「どこの世界の話なんだ」と思ってしまう。

でも一歩引いて自分を見れば「そうそう文句は言えないな」と思う。

子育てをしながら仕事でも実績を上げてきた。都内の高層マンションに暮らして、夏休みには子どもを連れて海外にも行った。

古い慣習の残る流通業界では「改革派」の先陣を切る企業だったので、女性の登用を含めた労働環境の変革にも熱心だったし、上司にも恵まれてきた。

**「産休明け」が増えてきて**

そんなMさんの部署に、いつしか産休明けの女性が増えてきた。いわば会社における「ロールモデル」であるMさんの下で働けるのだから、人気部署なのである。

Mさんの部署は、全国各店舗のデータを分析して各営業本部のバックアップをする。ある程度の現場経験は必須であるが、新規出店前のドタバタや出張などが少ないのも産休明けの女性にとっては都合がいい。

Mさんの部署はひいき目なしに優秀な者も多く、とってもありがたかった。

そんな中、新たな異動者を迎えた。30代半ばで子育て中の女性だ。早速、歓迎会を開くことになった。歓迎会といっても、ランチタイムを少し早めて会社の一室でケータリングの料理を並べるささやかなパーティーだ。

子育て中の社員が多いから、こうした会も昼に行うのが普通になっている。それでも、話は弾む。特に子育てや家事、夫への不満あるいはのろけなど。皆、同年代で抱えるテーマは同じだ。

話が弾んでいる時、ふとMさんの耳に部下たちの声が耳に入った。

「ダメダメ、そんなことでガマンしちゃ！」

「そうよ、やりたいことやっておかなきゃ、損だから」

話の前後はよくわからない。子どもが保育園に上がったのを機に、若い頃の習い事を再開しようかどうか。どうやら、そんなたわいのない話だったらしい。

しかしその時、Mさんはどこかモヤモヤした。仕事や育児はもちろん、あれもこれもと欲張る部下たちにちょっとした羨望を抱いたのだ。

このモヤモヤは仕事にも微妙な影を落としていた。Mさんは、子育て中の部下には、なかなか負荷をかけにくかった。

自分の子育て中は、まったく余裕がなかった。それでも、頑張り抜いたことは誇りだ。ところが、それを部下に強いてはいけないのではないか。そんな思いから、知らず知らずのうちに遠慮してしまっていたのだ。

Mさんのチームは売り上げで評価されるわけではない。そうなると、集めたデータの分析力や提案力が問われる。しかし、部下への遠慮もあってレポートの内容が定型的になっていた。わかりやすく言えば「マンネリ」である。

モヤモヤが次第に大きくなっていったある日、本部長に呼び出された。Mさんのチームの仕事内容について、来期以降見直しをしたいという話らしい。

「何を言われるんだろう?」

特に策もないまま、Mさんは本部長の部屋に行った。

## 「遠慮」が問題だった

「最近は、どう？」。穏やかに話す本部長だが、切り出してくる話は厳しかった。

「作ってくれたレポートを見れば、たしかに〝明日〟のことはわかる。でも、〝明後日〟は何もわからない。意味はわかるだろ？」

本部長は、独特の言い回しでMさんにたずねた。「現在の店舗ではカバーできないニーズに応えられるような、新業態を開発したい。その指針となるような分析と提言はできるか？」という問いだった。

それは、Mさんが「やらねば」と思っていたことの一つだった。しかし、ついつい先送りしていた。大きな理由は部下への遠慮だった。

思い切って、Mさんは最近の「モヤモヤ」を本部長に話した。言い訳と取られても構わない。甘えもあるかもしれないが、正直に話せばいいと思ったのだ。

何も言わずに聞いていた本部長が、言ったことはシンプルだった。

「子育て中だからって遠慮してるの？　それはかえって彼女たちに失礼じゃない？」

Mさんは、思わずうつむいた。

「私も、Mさんに遠慮したくなったことはあるよ。でもね……」

その後は、特に言葉がなかったけれど、それで十分だった。

### 集中力が上がって部署が変わった

Mさんは矢継ぎ早に行動した。子育て組のメンバーに遠慮することはやめた。「明後日」まで見通せるレポート作りを指示したのだ。

驚くことに子育て組は、少々の負荷をものともせずむしろ集中力を上げてきた。それに伴い、男性メンバーも思った以上のパフォーマンスを発揮してくれた。

ある時、子育て中の女性の部下がMさんに言った。

「育休明けから、ずっとこういう仕事がしたかったんですよ」

Mさんはこの時、心の中で「ゴメンね」と言った。

チームを立て直して成果を上げたMさんは、やがて新業態開発チームにコアメンバーとして参加することになった。Mさんの選択は、正しかったのだ。

## 「自分事」として考える

部下に対して気を遣うシーンは着実に増えている。当人が意図しなくても「ハラスメント」と言われることもあるが、遠慮するばかりになっては、本来の仕事から遠ざかってしまうだろう。

求められていることは「相手の立場で振る舞う」ということ。それは、人として当たり前の心構えでもある。「気配り」をしたつもりでも、相手の気持ちを汲まなければ「お節介」になる。

常に感覚を鋭敏にして、広い目配りとメリハリのあるマネジメントが求められる。

# 部下が目の前で涙を浮かべて

＊

## 「育成」こそキャリアを切り開く好機

その夜、Uさんは相当困っていた。部下を食事に誘ったのはいいが、話が段々と湿っぽくなり、挙句の果てに目の前でうっすらと涙を浮かべ始めたのだ。

連れてきたG君は30歳になる。学生時代から総合商社に憧れていた彼は希望通りの就職を果たし、Uさんの下でキャリアを積んできた。

仕事の進め方はスマートで、地頭がいい。学園祭の「ミスター・コンテスト」のファイナリストにも選ばれたというだけあって、ルックスも目立つ。人間関係にも苦労はなかったようで、コミュニケーション力も高い。

そんなわけで取引先からもかわいがられていたが、ここ最近は明らかに伸び悩んでいた。

## 壁に突き当たった部下

G君は入社からずっと東京本社のメディアビジネス関連の部署にいる。社の中でも歴史は浅い部署で、服装は比較的自由。資源関連に配属された同期などからは羨ましがられるような職場だ。上司もUさんをはじめとして、柔軟な発想の人が多く体育会的な感じではない。

そういう環境で伸び伸びとやってきたG君だが、最近はなかなか居場所がない。社外との日々のやり取りは、20代の若手がこなしている。その一方で、大きなプロジェクトを仕切るには力量不足だ。

上司のUさんから見れば、「ありがちなパターン」に見える。一通りのことは器用にこなして周囲からも好かれるのだが、粘りや突っ込みはいま一つ足りない。いわば、センスだけで仕事を進めてきたのだ。似たようなタイプはUさんの同期にも何人かいた。そして、その多くが30代になった頃に壁に突き当たった。それを乗り越えられた者もいれば、足踏みしたままの者もいる。

Uさんは、G君の所属するグループのリーダーであり、評価者の立場だ。最近の様子を気にして食事に誘ったのだが、G君自体も自分のことはよくわかっていたようだ。G君はグラスを見つめながら黙りこくってしまった。

すっかり寡黙になったG君をなだめたり励ましたりしながら店を出て、Uさんは帰路についた。しかし、アタマの中では同じことを考え続けている。

さて、G君をどうしよう。G君の同期にはそろそろ海外赴任する者も増えている。しかし、彼の仕事は国内のビジネスが主だ。そんなこともあり、英語力もあまり伸びていない。

もう少し、厳しくしておくべきだったかと今さら悔やんでも仕方がない。たしかに今の部署は自由な半面、安易な道を選んでもどうにかやっていける部分がある。

一つの選択肢は、転勤させて、より自立を促すということだろう。ちょうど、人事からは「そろそろどうか？」と言われている。ただし、この場合は国内ということになりそうだ。

しかし、現在のメディア関連の仕事は東京に集中する傾向にある。今、地方に行くことは、G君のキャリアにとって本当にいいことなのだろうか。

他のチームリーダーを見ていると、この位の年次の部下は、どんどん外に出している。「人事の言うことにいちいち意見していたら、こっちがマズいことになるでしょ」と全く悪びれずに言う者もいた。30代になった部下を育てる意識などないらしい。

それでも、Uさんにはこだわりがあった。G君にはまだまだ「伸びしろ」があるように感じていたのだ。

「センスがあるのだからもう一度磨いてみたい」

その決断は、想像以上の変化をもたらした。

## 「甘やかしている」と指摘

Uさんは G君の現在の仕事をすべて後輩に引き継がせた。その後に取り組ませたことは2つ。

1つは、始まったばかりの米国企業との提携プロジェクトの中核メンバーとして、徹底して企画と交渉の力を磨くこと。

もう1つは、英語力を伸ばすこと。仕事量を減らす代わりに会社の自己啓発制度を使って勉強させることにした。

「ちょっと甘やかしているんじゃないか」

そんな雑音が入ってきても、Uさんは動じなかった。

それというのも、UさんはG君のことだけを考えていたわけではなかったからだ。今の仕事の担当を見直してみると、30代が手薄になっていたのである。ある程度育ったところで、海外に赴任したり、異動になったりということが続いて、このままでは次代の人材が足りなくなる。自社のメディアビジネスの将来を考えたうえでの、布石でもあった。

Uさんの期待に応え、G君はよく頑張った。黙々と仕事をこなして、段々と目つきが変わってきた。ある朝、めずらしく髪に寝癖がついていたので冷やかしたら、間もなく短く切ってきた。

「合コンに誘っても、Gさんは全然乗って来ないんですよ」

20代の若手がそんな呑気なことを言っている間にプロジェクトは進行した。紆余曲折があったものの、1年余りが経ってプロジェクトは予定した以上の進展をみせて一段落した。広報室と連携してプレスリリースをまとめて対外発表も終わった頃に、Uさんは異動の内示を受けた。

全く予想していなかった、経営企画部に行くことになったのだ。

**意外なところで「見られていた」**

Uさんは入社以来、現場一筋で、いわゆるコーポレート部門の経験はない。しかも「経営企画」というのは、会社の中枢であり「別世界」のイメージがあった。担当する仕事は、主に人材育成や働き方についての改革を考えることだ。部下たちも多士済々で、労務畑出身もいればMBAホルダーもいる。

このようなテーマは本来人事部の仕事ではないのだろうか。それが、内示を受けて

Uさんが真っ先に抱いた疑問だった。

赴任して1カ月が経ち落ち着いた頃に、Uさんは担当の執行役員から食事に誘われた。いろいろ話しているうちに、Uさんの疑問を先回りするように、役員が言った。

「まあ、あえて人事部には任せなかったんだよ」

そして、言葉を選ぶように続けた。

「どうしても、経験や知識が目を曇らせることがあるからね」

本人も人事部長の経験があるだけに、いろいろと思うところがあったのだろう。人事部の前例踏襲の発想では、いずれ行き詰ると考えてのことらしい。

そういえば、Uさんの会社から海外のネット企業に転職するケースも目立ってきた。しかも、相当若い企業へ思い切って飛び込んでいく20代もいる。このままでは、人材獲得競争に後れをとるという危機感が強いようだ。

そんな話をしているうちに、役員が思わぬことを口にした。

「そういえば、G君はよく頑張ったみたいだな」

ニコリともニヤリともつかない笑いを見た時に、Uさんは今回の異動の背景を理解した。G君に賭けたあのプロジェクトは、意外なところからも注目されていたのだ。それから2年が経って、Uさんは経営企画で次々とプロジェクトを手掛けていった。想像もしなかったキャリアになったけれど、満足度は高い。

思えばG君の涙が、その後の人生を決めたようなものだろう。

そして、ミドルのキャリアは、自分の頑張りだけでデザインできるものでもない。あの時G君に賭けて、それが実ったことでUさんの歩む道は変わった。それは、結果として後輩が拓いてくれたようなものだ。

「壁に当たったら、思い切って部下を信頼して任せてみる」

それが、今のUさんの信条だ。

そして、G君は米国への赴任が決まった。折に触れて会ってはいたが、2人だけの送別会はあの日の店に行った。もちろん、G君はずっと笑顔だった。

## 「自分事」として考える

「部下に育てられる」という表現をする人がいる。これは相手のことを真摯に考えた結果、自分が報いられるという感覚なのだろう。

しっかりした組織であれば、そうした上と下の相互関係の中で、どの年代の人も成長していくはずである。

「部下のことを思って」と言いながら、ついつい自分の保身を優先する人は多い。しかし、本当に組織全体のことを考えて行動すれば、自らのキャリアが拓けることもある。

部下への振る舞いは、その人の大局観が問われることでもあるのだ。

# 世代間ギャップは埋められる？

＊

## 若手の「本音」を知り、マネジメントする

「会社は変わるし、仕事だって変わるんだから」。それが、Lさんの口癖だった。彼は、急成長を遂げた情報メディア企業のマネージャーとして、数多くの経験をしてきた。

彼が若い頃は、会社もまた若かった。夜遅くまで働き、休日出勤も当たり前。そのうえ、日曜にオフィスに出てきた仲間同士で飲みに行ったりもしていた。

ところが、バブル崩壊後の景気低迷期に入ってから会社にも変化が訪れた。右肩上がりの業績に変化が表れただけではない。ビジネスのうえで「行儀の悪い」ことが目立ち、マスコミ沙汰にもなった

りした。

幸い司直に立件されるような事態にはならなかったものの、「イケイケ」的な雰囲気は変わり、「大人の会社」になった。

それを物足りなく思う同僚も多かったが、Lさんは違った。時代の変化に合わせて仕事のスタイルを変えた。勤務時間を短くしながら業績を向上させて、早くからマネジメントの仕事を任された。

部下にも過剰なプレッシャーをかけずに、適度な距離感を保ちながら上手に力を引き出す。社内でそんな評価を受けていたLさんの部署で、ちょっとした異変が起きた。3年目の女性社員Jさんがどうも辛そうなのだ。

Lさんの部署は、比較的小規模なクライアントを抱える営業チームだ。多忙になりすぎないように細心の注意を払っていたし、Jさんの勤務時間はそれ程でもない。ただ「ちょっと微熱がある」とか、「頭痛がとれない」と言って、欠勤や早退が目立つようになった。

ちょっと話をしてみようかと思った矢先に、Jさんの方から「相談があります」と言ってきた。「やはり」と思ったＬさんだったが、平静を装って話を聞き始めた。

## もっと働きたいと嘆く部下

Ｊさんの訴えはシンプルだった。今の仕事がどうも自分に合っていないというものだ。できれば別の職種に移りたいと言ってきた。

Ｌさんは少し面食らった。彼女は着実に成果を上げている。人間関係で辛いことがあったのだろうか？　話を聞いていると意外なことがわかってきた。

勤怠管理上の超過勤務はさほど多くないのだが、実は、結構な量の仕事を自宅でしていたのだ。聞いてみると、クライアントへの提案書に凝るようになり、それが評価されるうちに、どんどん時間がかかるようになっていったという。

ただし、会社は勤務時間をキッチリと管理している。そこで、自宅のパソコンで作業をしていたのだが、結果的には休日も含めて相当の勤務時間になっていたようだ。

Ｌさんは、戸惑った。「なぜ、そんな無理をしたのだ」と咎めるわけにもいかない。でも、なぜそんなに頑張ったのか、その気持ちを知りたかった。話をしているうちにその理由が見えてきた。

「私は、Lさんのようになりたかったんです。Lさんや、そのくらいの歳の人って、『若い頃は毎月100時間は普通に残業してた』とか話すじゃないですか」

たしかに、そんな話をしたことはある。でも、Lさんはそういうスタイルを押し付けたわけではない。

「だから」とJさんは続ける。

「もっとたくさん働いて頑張らないと、Lさんのようにはなれないかと思って……。でも、やっぱり私には無理でした」

自分が何気なく口にしていた〝昔話〟が、結果的に彼女を追い込んだ。最近は、自らもハードワークは控え、部下にも過剰な業務は押し付けていなかったにもかかわらず……。この時、Lさんはかける言葉を失った。

## 会社を去っていく若手

結局、このままでは精神的不調が強まるのではないかという医師の判断もあり、Jさんは別の職種への異動となった。人事部からLさんに対して「お咎め」のようなものはなく、「いろいろと大変でしたね」とねぎらうように言われたが、Lさんの心は晴れなかった。

そんな折、同期のRさんと会う機会があった。同じ営業職だが、最近はちょっと疎遠になっていた。ただ、向こうにも話したいことがあったのか、「メシでも行くか」ということになり、2人で店に向かった。

話題は当然のように仕事のことになる。Lさんが、今回の件を話すと、今度はRさんが口を開いた。

「オレの方にも最近、部下に関して戸惑ったことがあって」

どうやら2年目の男性社員が、「辞めたい」と言い出したらしい。名前を聞いてLさんは驚いた。その2年目の社員は若いが社内ではちょっとした有名人だったからだ。

学生時代からビジネスコンテストで優勝したり、NPO活動をメディアで取り上げられたりしたこともある。SNS上では何千という「友人」がいて、ベンチャーを立ち上げるのではないかと言われていたが、就職してRさんの部下になった。

新人の時から順調に業績を上げて表彰されたりもしたが、2年目の後半で微妙な「異変」が起きたそうだ。休むことが目立ち、仕事への熱意もどこか醒めてきたように感じられたという。

その部下は、大学同期の友人とともに起業するという。やはり、会社の枠には収まらないし、物足りなかったのか。そんなRさんの思いを見通しているかのように、彼はこんなことを言ったという。

「仕事は想像以上に楽しかったです。いろいろな業種の人と話ができて、成果も上げられましたし。けれど……。もっとたくさん働きたいんです。別に休日もいらないし、遊びの時間もなくていい。すべてを忘れて没頭したいんです。Rさんの世代は、そんな風に働いてきたんですよね？ でも、今はそれが許されない。そうなると、もう自分たちの会社で好きなようにやるのが一番かと思って」

それを聞いたRさんは「なんか、ウチの会社にはもったいないかなという気になっちゃったよ」とつぶやいた。Lさんも話を聞きながら何か寂しい気分になっていた。

## 「昔の話」を語ることの弊害

若い世代が、50代前半であるLさんやRさんの世代を見る目は様々だ。

だが、「バブルを知っている」世代は、何かと色眼鏡で見られるような気がしているのは確かだ。様々な場面で、バブル期を境に大きな溝があることを感じる。

先のJさんのように「先輩たちみたいにハードに働かなきゃ成長できないのかもしれない。けど、私には無理」と思う人もいる。一方で、「先輩たちが若かった頃みたいに、自分もたくさん働きたい」と言う人もいる。このほか、「若い時分にそんなに頑張れる気持ちになれたのは羨ましいです。自分はそこまでの気持ちになれない」という若手の声も、しばしば聞く。

「自分の昔を語ること自体が、よくないのかな」

「いや、それはさすがに変だろう。そういう話をしながら、会社の伝統はできていくんだし、気持ちをリレーしていくような感じって大切じゃないか」

「でもさあ、今思い出したんだけど、テレビの討論番組で若いやつが言ってたんだよね。『結局生まれる時代は選べないんですよ』って。その気持ちを上の世代はわかっているんですか？ って」

「オレたちが若い時分に頑張れたのは、将来は明るいって無邪気に信じられたからかもしれないな。給料は必ず上がる、明日は今日より必ず豊かになるって」

「今は、オレたちでさえ先々が不安だよな。となれば、若い連中なんか、もっと不安なんだろうな。高い成長が望めない時代だし、一つの会社でがむしゃらに働く方がいいのか、会社にこだわらず自分のスタイルで働く方がいいのかって考えても正解なんてないわけだから」

## 「下のため」にできること

結論が見えないこんな会話を交わしながら、LさんもRさんも、段々と言葉数が少なくなっていった。

将来への見通しを持ちにくい時代に育ってきた世代は、信じられる羅針盤もなく、一人ひとりが生き残ることに必死になっている。おそらく、描いている未来イメージは、人によって全く違っているのだろう。

先々に不透明感が漂う時代に、異なる時代を生きてきた世代同士が理解し合うのは、そう簡単ではない。「若い頃はがむしゃらに働いた」という言葉に対する反応もこのように違う。

「オレたちは、今、若い連中のいい手本になれてないということなんだろうな。まぁ、彼らが理想とする働き方も様々みたいだから、全員の手本になるなんてそもそも無理なんだが……」

「あと、若い頃に良い経験をした分、下からは〝嫉妬〟に似た感情もあるんだろう」

「良い思いをした挙句、〝逃げ切ろう〟としているように見えるのかな」

Lさんと R さんの会話は、ポツリポツリと続いた。

「結局、下のためにできることって、会社の成長のために頑張ることぐらいしかないのかもな。彼らが、『来年も給料はきっと上がる』って明るい将来を描けるように」

「若い頃はお互い、いろいろと事業提案もやったよな。ただ、最近は、若手の提案に『ああだこうだ』と言うだけだ。仕事をつつがなく進めることに汲々としてる」

「たしかに、そうだな……」

「だったら、もう一度チャレンジするしかないだろう。若手を巻き込んで、会社の将来が明るくなるようなプロジェクトをやってみてもいいんじゃないか」

どちらからともなくそんな話になっていき、その日、LさんとRさんが店を出たのは終電間近の時間帯だった。

世代の溝を深めていたのは自分たちだったのかもしれない。バブルという特殊な時期を経験した〝引け目〟もあり、一歩距離を置いて部下と接しながら会社生活の静かな「幕引き」を図っていることを若手に見透かされていたのだ。

だったら、もう一度、フロンティアに出てみるか。

そんな思いで2人は帰路についた。

## 「自分事」として考える

ミドル世代を見る若手の思いは複雑だ。「バブル的なこと」への感情的な反発を持つ人もいれば、どこかに羨ましさを感じる者もいる。「徹底して働きまくってみたい」という思いを心の底に感じていることもあるだろう。

いずれにしても「自分たちの若い時の話」は、決して規範になるとは限らない。むしろ、「違う時代の人なんだな」という思いを強めさせることもあるのだ。

同じ職場に働くうえで一番大切なのは、「未来への目標」を共有すること。「愚者は経験に学び、賢者は歴史に学ぶ」というように、自らの経験を「貴重な歴史」として若手と共有できるのなら、それもまた未来への糧となるはずだ。

# 第6章　仕事と家庭

# 若手にイラつく自分を止められない

＊

## 「家庭の問題」は仕事に持ち込まない

「そうか、Hさんは〝あの街〟に行くのか……」

3月は人が動く。恒例の人事通達を告げる社内システムの画面を見ながら、Bさんは心の中で呟いた。

Hさんはかつての上司で今年で55歳になる。Hさんが異動する支社は、一昨年新たな新幹線が開通した北陸の都市だ。そして、実際の赴任地はさらに山間の工場になるという。そして現在課長職のBさん自身は、4月から次長に昇進する。

「何か不思議な縁があるのかな……」

Bさんがそう考えるのには理由があった。それは、今から7年ほど前に遡る。

## 突然、若手をいびるようになった課長

7年前、Hさんは営業セクションの課長で、Bさんはいわば「番頭格」の部下だった。課の業績は比較的安定していて、Bさんにとっては居心地がよかった。Hさんはもともとバランス感覚の優れた人で、仕えていて大きな不満はなかった。ところが、ある時期からHさんは妙な行動を取るようになった。新入社員などの若手に対して、やたらと辛く当たるのだ。

Bさんのように30代半ばの中堅には普通に接しているのに、20代の若手にはきついことを言う。

「よく、この程度でうちの会社に入って来られたな」。そんな言いぐさはまだいい方で、ある時、きちんとした挨拶ができなかった新人にこんなことを言った。

「いったい、どんな育てられ方をしてきたんだよ！」

この時は、言われた新人も顔色が変わった。慌てたBさんたちが、「いや、いろいろ忙しくて気が回らなかったんでしょう」と諫めたほどだった。

Hさんは何で変わってしまったのか？　部下や同僚も首をひねるばかりだったし、Bさんにもその理由はわからなかった。

そんな状況が続けば若手の間では不満が募るし、「どうも、やりにくい人だよな」という評判も広まっていく。

「Hの下じゃ、若手は伸びないよ」

上の方からはそんな声が聞こえるようになった。実際にパフォーマンスの低かった部下が、別の部署に異動したとたんに成果を上げるケースもあった。人事部もHさんの部署に新人を配属するのを避けるようになり、課の平均年齢は上がっていった。

「お前のところは、若手が育たないな」

上からそう評価されてしまえば、管理職としては致命的だ。だからHさんが第一線を外れても周りは驚かなかった。後任はBさんとなった。

異動に当たっては、いろいろと引き継ぎがある。当然のようにHさんから「メシにでも行くか」と誘われた。

Bさんは、Hさんに確かめたいことがあった。「若手に辛く当たる」理由である。それまでも、Hさんが叱った若手のことをかばって「いつもはきちんとやってるんですよ」とフォローすることはよくあった。そういう時、Hさんは「わかってるよ」と言う。しかし、若手を前にすると感情が抑えられないように見える。ただ、「なぜですか?」とは聞けなかった。その晩も、なかなかその話は切り出せなかった。Bさんが逡巡していると、Hさんが唐突に言った。

「そういえば、お前はX大学だったよな?」

「はい」と答えて、Bさんは次の言葉を待った。

若手に辛く当たるようになったきっかけは、「息子の進学校中退」だった。

**きっかけは息子の進学校中退**

Hさんが話し始めたのは、彼の一人息子のことだった。それは、4年前にX大学の付属高校に合格したという話から始まった。X大学は私立の名門で、社内にも出身者が多い。Hさんも都内の私大出身だが、X大学の方がいわば「格上」だ。

「いや、本当にうれしかったよ。オレを超えてくれたと思ってさ」

Hさんは飾らずにそう話した。若手に苛立っているような時とは別人のようだ。

そして、その話は意外な展開を迎える。

家族中で喜んだ息子さんの合格は、1年生の途中で様子がおかしくなる。学校に行きたがらなくなり、結局中退したのだという。いじめのようなものがあったわけでもなく、学校も熱心に対応してくれた。勉強についていくのは結構大変だったらしいが、それだけで中退に至ったとも思えないという。

「理由については、今でもはっきりしない。〝青春の病〟みたいなものなのかな」

**止められなかった「嫉妬心」**

当然だがHさんはかなりガッカリした。それは、そうだろう。期待が高かっただけに反動も大きい。そして、その頃から、若い社員に苛立ちを感じるようになったのだという。

まだまだ仕事は穴だらけなのに、能天気に一人前のような顔をしている元気な若手を見ると、Hさんは悔しさとも哀しさともつかない妙な感情が高まった。

「ある種の〝嫉妬〟とか、もしくは〝八つ当たり〟みたいなものなのかね」

自分でわかってはいても、どうしようもなかったらしい。そんな態度が「育成下手」との評価を受けることも、十分にわかっていたそうだ。

「よく『仕事を家庭に持ち込まない』って話は聞くけどさ、俺の場合『家庭を仕事に持ち込んじゃった』ってことなのかな。だから、今回の異動も仕方ないんだよ」

悟ったように語るHさんに対し、Bさんは何も言えなくなってしまった。

### 息子に投影した自らのコンプレックス

「でも息子は、大学には進学できたんだよね」

中退した息子さんだが、その後一念発起して高卒認定の試験に挑戦。遠回りしたものの、今年北陸地方のとある大学に合格したそうだ。

「まあ、この話をするのは初めてだったし、これからも、話すことはないだろうな」

Hさんは、別れ際にそんなことを言った。他言してくれるな、という気持ちもあったのかもしれないが、もちろんBさんも話すつもりはない。

そういえば、とBさんは思い出す。以前、X大学出身の新人が配属された時のことだ。同じ大学ということでBさんと打ち解けて話す様子を見た後で、Hさんがポツリと言った。

「いいなあ、X大は仲が良くて」

今にして思うと、その言い方には妙な〝棘〟を感じた。息子さんが岐路に立っていた時期だったのかもしれない。

息子が自分を超えたうれしさと、そこからの落胆。

Hさんの中にある出身大学へのコンプレックスと、周囲への嫉妬心。それらが絡み合って相当にこじれて、若手に対する厳しい言動として「噴出」した。

Hさんの息子は、きっと、もう大学を卒業して社会人になっているはずだ。そして、ふと自分のことを振り返れば、息子の高校受験が来年に迫っている。X大学の付属高校や、さらに格上の学校にも挑戦するという。

合格してほしい気持ちはもちろんだが、どんな結果でも受け入れてやりたいと思う。

学校の〝ブランド〟が、その後の人生に影響を与えることは少なからずあるだろう。しかし、「どの学校を出たのか」という経歴だけで、社会に出てからのキャリアが決まるわけではない。会社員を30年もやっていれば、そのくらいのことはよくわかる。同じX大学の出身者でも、順調にキャリアを重ねる者がいる一方で、不遇をかこつ者もたくさんいる。

社会で求められていることは、「今の自分の力」を磨き続けることだ。「未来を見つめる意欲」は、過去の経歴から得られるものではない。

そういう、人生で本当に大切なことをいつか息子にも伝えてやりたい。そんなことを考えながら、BさんはHさんのことを思い出す。彼はこの会社でのキャリアを、息子が暮らした北陸で終えることになる。

「自分事」として
考える

妙に学歴にこだわったり、気にしたりする人がいる。就職活動から、昇進あるいは商談の成否などに関し、意に沿わない結果だった原因を出身校に求めるような人もいる。

ただ、他人の学歴を羨んだとしても、自らの学歴を誇示したとしても、得られるものはさして多くはない。むしろ、不要な感情を抱くことになり、人間関係に負の影響を与えてしまう。

また、進学のような子どもの「成功」は、一時の自己満足にはなるかもしれないが、その後も子どもが期待に応え続けてくれるとは限らない。

家族の問題は、自分の仕事に少なからず影響を与える。問題が起きた時に、自分をコントロールできるだろうか。

# 休んでも ろくなことがない

＊

## 型にとらわれず 自分の時間を

ゴールデンウィークやお盆休みなどの長期休暇を「持て余してしまう」人もいる。Bさんがそうだった。

40代半ばになって子どもが中学に上がった頃からだ。子どもは部活や塾で時間をとられるし、そもそも親と旅行に行きたがらない。祖父母の家はそう遠くないが、段々と足が遠のいていった。

家族で過ごすよりも友達と花火を見に行ったり、街へ行きたがったりした。まあ自分もそうだったし、周りの話を聞いても似たような感じだ。

とはいえ、改めて予定を立てるにしても、なかなか取っ掛かりがない。妻とは決して仲が悪いわけではないが、久々の「夫婦旅行モード」になれないのである。休みとなると子ども中心にプランを考えていたからだ。

そんなわけで、ちょっと近場に行ったり映画を見たりとか、不完全燃焼の夏休みを過ごしていた。しかし、50を過ぎて子どもたちが大学に入った年に、Bさんはちょっとした「決断」をした。久々に一人旅に行こうと考えたのだ。

妻の返事はあっけなかった。

「あらいいんじゃない、じゃあ私も……」と友人と旅に出る算段を始めた。まるで、こちらが言い出すのを待っていたかのようだった。

## やってみたら楽しかった「夏休み」

50歳を過ぎて始めた「大人の夏休み」は、やがてBさんにとってなくてはならないものになる。

行先の多くは国内で、予定は決して詰め込まない。宿ではゆっくり本を読み、眠くなったらゴロンと昼寝をする。地方の街でふらりと一人、居酒屋に入って飲むのも面白い。まるでどこかのテレビ番組みたいだよな、と思いながら地の物を食べるのも存外に楽しかった。

良かった場所は、後から妻と行ったりもする。夏休みに限らず、週末に近郊を歩くことも増えた。

そのうち、Bさんに変化が訪れた。仕事で深く思い悩むことが減ったのだ。

Bさんの仕事は営業管理と言われる部門で、第一線ではないが社内調整にあれこれと気を遣う。一方で、自分の将来を考えると、いまさら役員になれるとは思えない。おそらく50代半ばで、グループ会社へ出向となるだろう。

自分のキャリアが何となく見えてしまう一方で、仕事の難易度はそれなりに高かった。イライラしてストレスが溜まっていると感じることも多かった。

ところが「一人旅」を楽しむようになってからは、ピリピリすることが減った。そうなると話しやすいと思われるのか、部下や同僚から相談を持ち掛けられることが増えた。Bさんのアドバイスは的を射ていると好評だった。

やがてBさんは、予想通りグループ会社に出向になった。ただ実際は、想像以上に重要なポジションを任された。会社員生活の「あがり」としては羨まれる方だろう。「旅をするようになって、自分の生き方や仕事を突き放して見るようになったからかな」とBさんは後から語っている。

旅先で出会った人から見聞きする話は、今までの自分がいた世界とは全く違った。親子代々で店を営んでいる人や、資料館で出会ったボランティアの人、あるいは小さな宿の若女将など、都市のオフィス勤めではなかなか出会わないような人との話は刺激的だった。

大学を出て就職して30年が経って、いかに狭い世界にいたかを実感したという。そうなると、目の前の仕事の見え方も変わる。揉めそうなややこしい話でも、小さな話に見えてきたという。

これは仕事を軽んじているわけではなかった。目の前の課題を大げさに考えすぎたり、過剰な使命感やプレッシャーを受けたりすることから自由になれたのだ。

50歳を過ぎて、改めて視野を広げることができたということなのだろう。

夏休みなのに、全然休めない。それは昔ながらの「家族サービス」に疲れるお父さんの話だけではない。小さな子どもを持つ働く女性にとっても同じだ。Ｊさんには2人の子がいる。ようやく落ち着く年齢になったが、多忙さは変わらない。夫は十分に協力的だが、できればゆっくり羽を伸ばしたいと思うこともある。

似たような環境にある学生時代の友人たちとは、スマホで頻繁にやり取りしているが、夏休みになるとお互いの連絡が途切れがちになる。休みの方が、いつもより慌ただしいのだろう。ことに夫の実家に帰る友人の場合、休み明けに延々と愚痴を聞かされることになる。

## 「パジャマパーティー」がしたい

そんな仲間内で盛り上がったのが、「パジャマパーティーをもう一度」という話だった。友達同士で泊まりに行ってああだこうだと夜通ししゃべり通す女子会である。社会人になってから、都内のホテルで盛り上がったことがあったので、「もう一度やりたいよね！」となった。だが、意外にもハードルは高い。夫を説得して子どもと過ごしてもらうのだが、なかなか切り出しにくかった。

それをいろいろと調整して、やっと夏休みに一泊の「パーティー」を決行することになった。横浜にある高層ホテルのちょっと広めの部屋で過ごした夜は、これまでにないリフレッシュにつながったという。

日頃頑張っているからこそ、短い時間を楽しんで気分転換できたのだろう。夫は妙に物わかりがよく「また行って来いよ」という。慣れない料理を頑張り、子どもと一緒の写真をSNSにアップして、「今日は子どもと留守番です！」とか書いたら、想像以上に評判が良かったらしい。

思わぬ展開に、Jさんは次の休暇が楽しみになったという。

## 「休暇を楽しめない人」の共通項

JR東海が「日本を休もう」というキャンペーンを行ったのは、バブル末期の1990年だった。それから四半世紀以上が過ぎても、日本人は休むのが不得手だ。ことにミドル世代から「どうしていいかわからない」という声を聞くことが多い。

「残業が減らないのは家に帰りたくないから」という話もある。「帰ってもろくなことがない」という説が有力だそうだ。

この「休んでもろくなことがない」という人にとっては、長い休みは苦痛になる。こういうタイプの人を観察すると共通項に気づく。「自分の仕事に過剰な使命感を持っている」のだ。以前のBさんもそうだった。

だがそれは「仕事に逃げている」状態とも言える。与えられたプログラムをこなすことで満足しているので、〝宿題〟のない空白の休暇が怖くなる。

かつて「会社人間」という言葉がよく聞かれた。いかにも昭和な響きだし、「自分は違う」と思っているかもしれない。しかし、「会社人間」はまだまだ多い。

会社人間から脱皮するのに遅すぎるということはない。長い休暇は「やることを自分で考える」ための大きなチャンスだ。少し大げさだが、「自立のきっかけ」にもなる。Bさんのように仕事にも好影響をもたらすこともあるはずだ。

ネットのおかげで、直前でも〝穴場〟はまだ見つかる。思い立ったら、一人でふらりと「自分だけの休み」を楽しんでみてはいかがだろう。

## 「自分事」として考える

与えられた仕事をこなしている会社員にとって、「自由」な休みは、意外と「不自由」だ。過ごし方を自分で考えなければならない分、時として手持ち無沙汰になってしまう。子育てという家庭内の〝仕事〟が一段落つく年代になると、特にそうなりがちだ。

第3章でも触れた「サバティカル休暇」のような取り組みをしてみてはどうか。関心のある場所をめぐり、自分なりの「レポート」をSNSに書いてみるといい。

休みが苦手でも、あえて「仕事っぽく」することで、自分なりの休み方が見つかるかもしれない。まだまだいろいろな楽しみ方はあるはずだ。

# 再就職した妻を怒らせてしまった

＊

## どんな仕事も「大切な仕事」

12月になると、何かに煽られるように慌ただしい気分になる人は多い。1年を振り返ってしみじみする人もいる。

今のGさんにとっての12月は、圧倒的に「しみじみ」だ。50代前半だが、勤務する金融機関ではグループ会社に出向している。同期ではまだ本社で「最後の直線レース」に賭けている者もいるが、Gさんは今の環境に満足している。

そのきっかけになったのが、数年前の12月の出来事だ。

その年の春、Gさんの妻S子さんは仕事を再開した。2人は職場結婚だったが、出産を機にS子さんは退職。転勤も多い会社だったし、当時はそれが「常識」という感じでGさんに抵抗感はなかったし、S子さんにも不満はなさそうだった。

それから20年以上が経ち、一人娘が大学に入ったのを機会にS子さんにもかつての同僚から再雇用の声がかかった。最近はかつて働いていた社員を再雇用する動きがあり、職場に復帰している人も増えていた。

契約社員待遇で勤務先はグループ会社だが、S子さんはすぐに決断した。何よりも復帰した友人たちが、みんな元気そうだったことが決め手だった。

S子さんの復帰は、Gさんにとってもうれしかった。そして、最も喜んだのは娘だった。「女性でもずっと働く」ことが当たり前の時代に、母親の働く姿はとても頼もしく見えたらしい。そして、S子さんはイキイキと働いて、ちょっと忙しくなった毎日を楽しんでいるようだった。

ところが、その年の12月にちょっとした「事件」があった。

## 怒っている理由がわからない

その日は金曜日でGさんもS子さんも、それぞれ職場の忘年会だった。先に帰ったのはGさんだったが、S子さんも程なくして帰ってきた。

お互い、そんなに酔っていたわけではない。夜のニュースを見ながら、お茶を飲み、世間話をしていたらS子さんの様子が途中で変わった。なにか、不機嫌になったように感じられたのだ。

何か変なこと言っちゃったかな……。気になったGさんだったが、その日はそれ以上気にすることもなかった。

ところが翌朝になってもS子さんの様子がおかしい。長年一緒にいれば、時にはそういうこともあったし、Gさんは取り立てて気にしなかった。ところが、日曜になって娘から話しかけられた。

「お父さん、ちょっといい？」

S子さんが近所に出かけている間を狙ったようだった。そして、その話はS子さんの「不機嫌そうな様子」についてのことだった。娘は、「お母さんの気持ち」をGさんに伝えようと思ったのだ。どうやら、金曜日の夜にGさんが何の気なしに言った言葉が「原因」だという。それは、S子さんの仕事についてのことだった。

「楽しいラクな職場は、いいよなあ」

忘年会帰りで楽しそうなS子さんを見て、何気なく口にした一言だった。これがS子さんの心に強く引っかかった。彼女としては「第二のキャリア」として、それなりに懸命だったからだ。

長いブランクの間に、社内のルールも雰囲気も変わり、専業主婦時代に遅れてしまったパソコンのスキルも身につけなくてはいけない。そうした苦労をしながら、ようやくたどり着いた年末だった。それなのに、夫は「楽しくてラク」としか見てくれない。それが悔しかった。

「お母さんだって、いろいろ頑張って、ちょうどホッとしてたんだよ」

別に父を責めることもなく、さりげなく母の気持ちを伝える娘の姿にGさんは思わず胸を打たれた。

## 「夫婦水入らず」の時間

ところが、娘の「おせっかい」はそれだけで終わらなかった。

その日の夕食は、久しぶりに親子3人だったのだが、やたらと多弁だ。若い頃はクリスマスをどう過ごしたのか？　などと訊ねてくる。

「じゃあ、お前はどうするんだ？」と問い返したい気分を抑えながら、Gさんはいろいろと思い出していた。ふと気づくと、S子さんの機嫌も直っているようだ。いろいろと話していたら、娘が言った。

「じゃあ、今年はどこかに2人で行けば？」

娘が高校に入った頃から、クリスマスというイベントからも疎遠になった。Gさんにとっては、「忘年会もないから帰宅する日」のようなものだったのだ。

「せっかくだから2人でどっか行きなよ、私がいい店探すよ。今からでもネットで予約できるし」と、指をスマートフォンに走らせる。「ここでいい？」と彼女が示したのは、帰宅途中の駅の近くにあるこぢんまりとしたイタリアンレストランだった。もうこうなると、断るわけにもいかない。

「じゃあ、席だけはとっておくから、後はよろしくね」

こうして、久しぶりに2人きりのクリスマスイブを過ごすことになったのだ。

**「仕事ができる」は、ありがたい**

店に行ってみると、思ったよりもいろいろな客がいた。若いカップルはもちろんだが、年老いた夫婦とその娘夫婦と思われる人たちもいる。そして、Gさんたちのような年頃の夫婦もいるのだ。

「来てよかったわね」

「あの子に感謝しなきゃ」と言いながらすっかりリラックスしたS子さんは、本当にうれしそうだ。

食事をしながら、話はS子さんの仕事のことになった。忘年会の夜のことにはあえて触れなかったが、そこはお互いにわかっている。

Gさんにとって意外だったのは、S子さんの仕事に対する思い入れだ。今の彼女の仕事は比較的定型的だし、「家にいるよりは」くらいの気楽な気持ちで働きだしたと思っていたのだ。

ところが、S子さんはここ何年か「働くこと」をずっと考えていたし、実は出産を機に退職した後も、「もし、辞めなければ……」というちょっとした後悔もあったという。

ただ、会社に残ってキャリアを重ねた同僚がいたわけではないし、学生時代の友人もS子さんと同じような環境だった。

そんな中、S子さんは娘から強い刺激を受けたのだという。

娘は高校に入った頃から大学受験を意識して、「将来のこと」についてもあれこれ考えていた。彼女はどんな仕事に就きたいか？と考える中で、S子さんの会社員時代についても聞くようになった。

「お母さんの働く姿、見てみたいな」

その一言が、S子さんの気持ちを動かした。

俺は何も知らなかったんだな……。

そんなGさんの気持ちを見透かすように、S子さんは言った。

「きっとわからなかったでしょうね。でも……」

一呼吸おいて、笑顔で続けた。

「別に、ものすごくやりがいがあるって程じゃなくても、仕事ができるって、本当にありがたいのよ」

そして、この時の言葉がその後のGさんの決断につながった。

## 自分もプライドがうまく畳めなかった

その頃のGさんは、迷っていた。本社勤務だったものの、キャリアのゴールはもう見えている。同僚がグループ会社や取引先に出向するのを見ながら、「次は自分」という見当はついていた。早目に動いて自分から行き先を見つけるような社員も多い。だが、Gさんは動けなかった。

その理由は、何となくわかっていた。

簡単に言ってしまえば、プライドだ。自分でうまく畳めないプライドなら、誰かに潰された方がいいだろう。そんな感覚だったのだ。

あの忘年会の日も、決していい気分ではなかった。

年末の慌ただしい中、段々と自分が仕事のラインから外れていることを感じ始めていたのだ。

ところが、イブの妻の言葉でハッとした。「仕事ができる」ということは、それだけで感謝に値することではないか。Gさんは、大組織の競争の中で、仕事に優劣をつけてとらえていた。

「どこに行くにしろ、この先は〝つまらない仕事〟だろう」

Gさんは、心の底でそう思っていた自分を恥じたし、改めて思い直した。

「どんな仕事も、大切な仕事なんだ」

そう自分に言い聞かせたら、プライド云々は二の次に思えるようになり、出向先の仕事への違和感も失せた。そこで、「どうせなら」と正月明け早々に自ら動いた。そして、4月に出向が決まった。

2年後、Gさん夫婦にとってはとてもうれしいことがあった。娘が就職し、しかも金融機関を選んだのだ。激変期を経験して、「もう子どもたちにこの業界は勧めたくないよ」と言う同僚は多い。しかし、娘はこう言ってくれた。

「お母さんもお父さんも、楽しそうに働いてるし」

「お父さんも、は付け足しだろ?」と言いそうになったが、娘の一言は最高のプレゼントだった。

だから、Gさんにとって12月は「しみじみ」の季節なのだ。あの夜以来、毎年通っているイタリアンの店とはすっかり馴染みになった。

今年も、クリスマスイブが楽しみだ。

## 「自分事」として考える

かつて退職した女性が、子育てが一段落した後などに仕事を再開して頑張っていることも多い。雇用形態や業務は様々でも、自分の仕事を大切にして、充実している人も増えてきている。

自らの仕事の着地点が見えて来た頃に、ようやく自分の仕事について夫婦で話ができるようになったという人の声もよく聞く。そして、改めてお互いのことを知り、仲を深めていくこともあるようだ。

もう一度「仕事と家庭」を見直すことで、ミドル以降のライフプランに新たな見通しが持てることもあるだろう。

# 「行きつけの店」を作る

Wさんが最近その店に寄るようになったきっかけは、少し前に同期のQさんと再会したことがきっかけだった。仕事のプロジェクトで顔を合わせることになり、その後で、帰り道が一緒になったのだ。Wさんと Qさんの自宅は、同じ沿線だった。Wさんは、川を渡って隣の県に暮らしているが、Qさんは少し手前の都区内である。久しぶりに会ったこともあり、自然と「メシでも」ということになった。

「せっかくだから、家の近くにいい店があるからどう?」

Qさんの誘いに、Wさんは喜んで乗った。途中下車をすればいいわけだし、帰るのも楽だ。連れて行かれたのは、こぢんまりとしたカジュアルな店で、グラスワインや小皿の料理がどれもおいしい。

どうやら店の主人とは顔見知りのようで、一緒にいるWさんも居心地がよかった。パスタも食べてお腹いっぱいになったが、決して高くはない。周りを見ると、客層は様々だった。住宅街の駅で、学生もいるようだ。かと思うと、結構年配の客が1人で来ていたりもする。

ああ、なんかいいな……。しっとりした感じがあるわけではない。でも、いろいろな人が楽しそうにしている空間にいるだけでいい気分になる。いわゆる「憂さを晴らす」ような淀んだ空気もない。

Wさん宅の最寄駅の周りは、ファストフードやチェーンの居酒屋を除くと、あとは古くからある小料理屋かスナックくらいしかない。ところが、Qさんに聞くと「まだ、いろいろあるよ」という。今日降りたQさん宅の最寄り駅以外でも、いろいろと寄り道しているという。

その後も、Qさんにはいろいろと教えてもらったのだが、どこもいい店だった。そして、そのうちの一軒がWさんの行きつけになった。

Qさんは、いったいどうして、そんなに店を開拓したのだろうか。話を聞いてみると、Wさんと同じように、自分の居場所がなくなっていく寂しさを感じていたらしい。

50代ともなると、会社での役割は一歩引いたものになり、子育てが一段落ついた家庭でもその存在感は少しずつ薄れていく。

Qさんの最寄り駅近辺は、Wさんの家よりも都心に近かったこともあり、それなりの飲食店がもともとあった。

そして古い店が閉まっても、若い人がチャレンジして新たな店が生まれていた。都心部よりも賃料が安く、スタートするには手頃な地域なのだ。そうした店に、ふらりと入り始めたのだという。

「いい隠れ家を知ってるね」とWさんが言うと、「実は隠れてもいないんだけどね」と言って、店選びと使い方のコツを教えてくれた。

まずは、店主が自分より若いこと。通い始めても店主が高齢だとより早く店がなくなる可能性が高くなるからだ。

使うお金の「上限」を決めることも大事だという。時間と使うお金を、あらかじめ決めておく。その方が、かえって店での居心地もいいそうだ。たしかに、長い時間居座って深酒すればするほど、気分転換につながるというものではない。実際、連れて行ってもらった店は全体的に回転が速く、ダラダラ飲む客は少なかった。

「さすがに毎回定時・定額じゃないけどね」とQさんは笑う。

さらに、いくつかの店は家族とも行くらしい。「隠れ家じゃなくてオープンにしちゃうんだよ。『あの店に行った』と言えば、かえって納得されやすいし」

Qさんの一人娘はまだ10代だが、ソフトドリンクで食事ができるような店もあって、同じような家族連れの客も週末には多いという。ただ、最近見つけた焼き鳥屋は、「成人してからの楽しみに取っている」と言う。

「それと、会社に近すぎないのはもちろんだけどね」とQさんは付け加えた。それも、たしかにそうだ。なにも、いまさらどこかに隠れて夜を過ごしたいわけではない。だが、会社と自宅の間にこうした空間があることは本当に大事だとWさんは感じた。

ミドル世代で、Wさんのように感じている人は結構いるのではないだろうか。会社にいる時間は相当長くて、平日の家は「寝るだけ」という人も多いだろう。また、子どもが大きくなると、一緒に外食することも減っていく。毎日が職場と家庭の往復で、たまの飲食はつき合いばかり。そのうえ、行きつけの店まで減っていくと、日々の生活の中で「一息つける」場のようなものがなくなる。

これでは、ちょっともったいないように思う。40代から50代の「大人の時間」の魅力や必要性はメディアではよく語られるものの、実際には失われ続けているのかもしれない。

「サードプレイス」という言葉がある。スターバックスのコンセプトとしても知られるが、職場と家庭以外の「3つ目の居場所」ということだ。

ただこれは、何も目新しい概念ではない。WさんやQさんが若い頃、先輩たちに連れて行ってもらった店もそうだし、昔の床屋もある面、そういう場所だった。

ちなみに、床屋の喧騒を描いた「浮世床」という落語は、江戸時代の作である。サードプレイスといった新しい言葉を耳にするずっと以前から、日本人はそういった居場所をちゃんと持っていたのだ。

こうした居場所を見つけておくことは、ミドル世代にとって結構重要になってきていると思う。

仮に65歳まで働くとしても、多くの人は少しずつ第一線を退くようになり、仕事に費やす時間は減っていく。自宅の近くで過ごす時間が、コンビニと図書館だけというのでは、ちょっと寂しい。会社中心の生活を段々と変えていくための準備は、そろそろ始めてもいいはずだ。

# 第7章　〝今〟を生きる

# 自分は〝今〟を生きているのか

＊

## 何があっても最後まで諦めない

「どうやら、特に大きな問題はなさそうですね」

穏やかに話す医師の表情を見て、Tさんは心が落ち着いた。勤めている大手メーカーでは、もちろん毎年の健康診断が実施されている。それでも、Tさんは自費で都内のクリニックで診断を受けている。普通の検診メニューにはない検査をしているのだ。

50歳を超えれば、誰もが自分の体に敏感にはなる。しかし、Tさんが検診を徹底しているのには理由がある。それは、かつて若くして旅立った先輩の姿を間近で見ていたからだ。

あれから15年か……。

クリニックを出て、駅までの道を歩く。都心だが静かで緑も多い。毎年、検査の後にこの道を歩くたびに、Tさんはその先輩のことを思い起こす。

そして、新たに誓うことがいわば恒例の「儀式」となっていた。

Tさんは本社の広報部長だ。そして、仕事のうえではもちろん、人生の師匠でもあった人がGさんだった。もともとは営業畑だったGさんは、海外勤務で培った折衝力と英語のスキルを評価されて広報部長に転じた。それには、大きな理由があった。

当時、会社の業績はどん底だった。単に売り上げが悪いとか、そういうレベルではなく存亡の危機にあった。そして、経営陣が選択したのは海外企業との提携だった。それも業務提携ではなく、本格的な資本提携だ。そして、海外からやってきた経営者の下で再建を行うことになった。

## 〝攻めの広報〟に抜擢

その頃の日本で「青い目の社長」はもはや珍しいことではなくなりつつあった。しかし、いざ自分の会社でそのようなことが起きるとは、誰もが思ってもいなかった。

短期間で、大改革を行う。そう宣言した経営者は、矢継ぎ早にプランを実行していく。生産設備の閉鎖や人員の削減はもとより、仕事の進め方のすべてが改革の対象になった。

改革の方向性そのものは評価されて株価は上昇した。プロの投資家の眼には「正しい判断」と思われたのである。

その一方で、別の問題が持ち上がった。メディアが改革の混乱を興味本位に報道することが目立ってきたのだ。

「家族には言えない……過酷なリストラの現実」

「青天の霹靂！　工場が去る町の衝撃」

そうした報道が目立ってくると、販売現場にも影響はおよぶ。「元気のない会社」の商品に食指は伸びない。それが消費者の心理だ。

Gさんが広報部長に着任した背景には、そうした問題があった。激変の中で、報道への対応は完全に受け身になっていたのだ。

「積極的に〝攻めの広報〟をしてほしい。プレスリリースを流すだけではなく、〝売りにつなげる〟ことがこれからの広報だ」

それが、社長からの指示だった。英語の堪能なGさんは、新社長とのコミュニケーションもスムーズだ。広報は、社長直轄の機動部隊として活動を一新させていった。

「攻めの広報」と言っても、簡単な話ではない。Gさんは1年後に予定されている新製品の発表に焦点を合わせることにした。このタイミングで「新たな出発」を発信できれば、今後の展開は変わってくる。Tさんは30代後半の中堅スタッフとして、Gさんを支えた。叱咤されることもあったが、素晴らしい経験だった。

将来へのプランを描く一方で、Gさんはメディア各社との関係づくりをもう一度やり直すべきだと考えた。再建の混乱の中で、広報と各社の記者たちとの関係もギスギスしていたのだ。

だがGさんは記者を見つけると、自分から声をかけていく。記者は、逃げる者は追いたがる。ところが部長は自ら懐に飛び込んでくるのだ。しかも、陽気で話は面白い。記者たちは、どんどんGさんのシンパになっていった。

## がん発覚、即入院

それでも、メディアの論調はすぐには変わらなかった。

「甘いって、言われちゃうんですよ。デスクとかに」

そんな記者の声を、Tさんは聞いた。それでも、空気は着実に変わってきた。かつてのような批判や揶揄の論調は薄れていった。

ところが、部内はもとより社内が動転するような事態が起きた。

Gさんが病に倒れたのだ。消化器系のがんだった。定期健診で異常が見つかり、即刻入院となったのだ。その頃は、Gさんも担当医師も比較的楽観していたようだ。病名もオープンになり、不在時の体制を整えてGさんは手術に臨んだ。

雲行きが変わったのは、退院してしばらく経ってからだった。手術とその後の検査などから、当初の想定以上に病状は悪かったのだ。

「しばらくは治療に専念した方がいい」

それが医師の判断だった。この時の詳細なやり取りなどを、当時のTさんは知らなかった。後になって聞くと、「覚悟を決めろ」というニュアンスだったようだ。

## 感涙した社長の一言

Ｇさんがターゲットにした新製品発表まで、１カ月を切っていた。メディアへの根回しも進み、宣伝部門との連携も緊密になった。社長もプレゼンテーションの準備を進めている。しかし、Ｇさんは部長職を降りることを決心して、担当役員に伝えた。

「ベストな体制で臨むには、私が替わるべきだと思います」

役員は判断を保留して、社長に伝えた。すぐに招集がかかり、Ｇさんと関係者が社長室に呼ばれた。

経緯を聞いた社長は力強く言った。

「お前の役職は、最後まで同じだ」

「もちろん出社できなくても、部長を替えることはない。病状がどうなろうと、生きている限りわが社の広報のリーダーはお前だ」

社長はＧさんを真っすぐ見つめて、ゆっくりと言った。

Gさんはもちろん、社長にもまた覚悟があったのだ。冷徹で鬼のように思われていた経営者の意外なまでの温かさが、その場にいる者に伝わってきた。

Gさんは男泣きに泣いた。

## 「最後まで諦めるな」

Gさんは再入院する前に、部員を集めた。新製品発表まで2週間あまりだった。

「今回の製品は自信作だ。でも、世の中がどう受け止めてくれるかは、我々にかかっている。最後まで諦めるな」

再建途上の会社に何ができるのか？　まだ世間に残っているそんな空気を一掃できるかは、その日にならないとわからなかったのだ。

しかし、努力は実った。

「新生の象徴」「逆襲ののろし」そんなヘッドラインが並び、トップニュースに取り上げたテレビもあった。「復活への軌跡」という連載をした新聞もある。

「攻めの広報」は、ようやく実った。社内が一丸となり、知らぬ間にメディア各社もその空気に巻き込まれていった。しかし、その最大の立役者は病床にあった。

それからほぼ1カ月後、悲報が届いた。Tさんはその日外出していて、午後にオフィスに戻った。ドアを開けた瞬間に、凍り付いたような空気が漂っていたことを思い出す。とある新聞社の記者が、Tさんのところに来て朝刊を見せた。そこには、新製品の販売が順調だと書かれていて「完全復活へ」という見出しがあった。

「せっかく書いたのに。見てもらいたかったのに……」

ふと横を見ると、記者の目が真っ赤だった。

「どうして……」

そう呟いた記者は後になって「親父をなくした時よりつらかった」と言った。

Gさんは多くの人に愛され、あっという間に走り去って行ってしまった。

ふと気づくと、TさんはGさんよりも多くの日を生きていた。しかし、「何一つ追いついていない」と今でも感じている。Gさんは、永遠の目標だ。そういう人と時間を共有しただけで、自分の会社員生活は幸福だったとTさんは確信している。

## 「自分事」として考える

どれだけ健康に気を遣っていても、避けられない病はある。そして、在職中に旅立ってしまう人がいる。

悲しいことだが、経験した方も多いだろう。

では、自分は〝今〟をしっかり生きているか？ 改めて自問したい。

「最後まで諦めるな」というGさんの言葉は、それを聞いたすべての人に響いたことだろう。

会社は先人たちが残した、無数の資産によって成り立っている。時に先輩たちの言葉を思い起こして、それを次の世代に伝えていくこともミドル世代の大切な仕事ではないだろうか。

# おわりに

本書で描いた様々な物語を振り返り、改めて感じることがある。

それは、現代の日本における「50歳」は、別れの季節の始まりでもあるということだ。

親を送ることもあるだろうし、子どもが自立していくこともある。職場の一線を退いて、今までの地位から離れていくこともあるだろう。また、馴染みの飲食店が店を畳むようなことも……。

歳を重ねた分、知識や経験といった「得られるもの」が多くなっていく。

若い頃はそう思っていた人も多いが、現実はそうとは限らない。

気がつくといろいろなものを失い、そのたびに何かしらの〝痛み〟を受ける。痛みの強さは様々だが、それは「衝撃の連続」と言えるものだ。

だが、そうした日々のショックが「50歳」の背中を押していることもたくさんある。衝撃は、ある意味で機会でもあるからだ。

そして、今の50歳というのは「真の自立」のために必要な時期なのではないかと改めて感じる。

一般的には、社会に出て、経済的に人に頼ることなく生きていくことができれば「自立」と見なされるが、「真の自立」はそれとは違う。

長く会社に勤めているうちに、すっかり組織に頼ってしまっている人がいる。家族の存在を当然のように考え、甘えてしまっている人もいる。社会に出て自立したつもりが、様々な関係の中で、頼り、甘え、自分で考えることを怠ったまま、50歳を迎える人が多い気がする。

私自身は40歳で会社を辞めて独立した。でも、それは、「とりあえず会社から離れた」ということに過ぎない。やはり、50歳の頃にはいろいろと突き付けられる問題が多かった。

そういった中で、もう一度、「真の自立」を試みる。それこそが、50歳ならではの〝機会〟だ。そう思えば、様々な「別れ」も、真の自立のための自然な過程だと捉えることができる。

何かを得れば何かを失うように、失った時もまた何かを得ている。気づきや出会いの機会は、意外と身近なところにある。それをぜひ発見してほしい。50歳を迎えてもなお、それだけの力はあるはずだ。だから、もう一度自立するつもりで歩み出す。

本書を読んでいただいた人々が、そのような気持ちになってくれることを祈っている。

山本直人

二〇一八年　小暑

山本直人　やまもとなおと

コンサルタント・青山学院大学経営学部マーケティング学科講師。

慶応義塾大学卒業後、博報堂でクリエイティブ、研究開発、

ブランドコンサルティング、人材開発を経て2004年に独立。

キャリア開発とマーケティングの両面から企業を対象にした活動を行う。

主著に『グッドキャリア』『話せぬ若手と聞けない上司』『マーケティング企画技術』など多数。

・ウェブサイト：http://www.naotoyamamoto.jp
・ブログ：http://www.naotoyamamoto.jp/blog/


# 50歳の衝撃


2018年 8月13日　第1版第1刷発行
2018年10月 2日　第1版第3刷発行

著　　者　山本直人

発 行 者　酒井耕一

発　　行　日経BP社

発　　売　日経BPマーケティング

〒105-8308　東京都港区虎ノ門4-3-12

http://business.nikkeibp.co.jp

装　　丁　寄藤文平＋吉田考宏（文平銀座）

編　　集　上岡 隆

制　　作　朝日メディアインターナショナル株式会社

印刷・製本　中央精版印刷株式会社




ISBN 978-4-8222-9253-9